떠나자! 그리스 원정대

방구석 어린이 인문학 여행

방구석 어린이 인문학 여행
떠나자! 그리스 원정대

박혜선·이묘신 글 | 양미연 그림
초판 1쇄 발행일 2020년 11월 20일 초판 3쇄 발행일 2022년 4월 25일
펴낸이 박봉서 펴낸곳 (주)크레용하우스 출판등록 제5-80호
편집 임은경·이민정 디자인 김금순 마케팅 한승훈·신빛나라
주소 서울 광진구 천호대로 709-9 전화 (02)3436-1711 팩스 (02)3436-1410
홈페이지 www.crayonhouse.co.kr 이메일 crayon@crayonhouse.co.kr

글 ⓒ 박혜선, 이묘신 2020
이 책에 실린 글과 그림은 무단 전재 및 무단 복제할 수 없습니다.

ISBN 978-89-5547-721-4 74810

이 도서의 국립중앙도서관 출판시도서목록(CIP)은 서지정보유통지원시스템 홈페이지(http://seoji.nl.go.kr)와
국가자료공동목록시스템(http://www.nl.go.kr/kolisnet)에서 이용하실 수 있습니다.(CIP제어번호: CIP2020044142)

떠나자!
그리스 원정대

방구석 어린이 인문학 여행

박혜선·이묘신 글 | 양미연 그림

크레용하우스

■ 작가의 말

나에게로 떠나는 여행

   '아침 해는 파르테논 신전에서, 지는 해는 포세이돈 신전에서.'

그리스 신들의 집에서 뜨고 지는 태양이 보고 싶었어.

책에서 본 그리스 신들은 가는 곳마다 따라다녔어. 신전은 물론이고 쌓아 놓은 돌무더기를 지날 때도 올리브 숲을 걸을 때도 불쑥불쑥 나타났지.

사람들도 무수히 만났어. 그리스 문화를 꽃피운 수많은 철학자, 정치가, 예술가, 사상가들까지. 그들은 박물관에도 우뚝 솟은 건물 벽에서도 만날 수 있었지. 심지어는 기념품으로 산 컵이랑 가방에도 있고 음식점 간판에 등장하기도 했어.

저 언덕은 민회가 열리던 곳, 저 극장은 그리스 비극이 상연되던 곳이고 저 바다는 어느 왕이 빠져 죽은 바다구나…….

정말 열심히 움직이며 정신없이 보고 듣고 느꼈어. 그러다 문득 여행의 설렘에 들뜬 걸음을 멈추고 생각에 빠진 나를 만나기도 했어.

　나는 왜 이곳에 와 있을까? 무엇을 찾아 떠나왔을까?

　어쩌면 여행은 낯선 곳에서 나를 돌아보게 하는 힘을 가졌는지도 몰라. 내가 만난 풍경과 사람들과 그곳의 이야기에 빠져 있다가 어느 지점에서 나와 겹쳐지는 부분을 만나게 돼. 그래서 여행을 하면 할수록 자신에게 던지는 질문들이 늘어나지.

　여행에서의 시간은 하루 스물네 시간이 아니라 느끼고 생각하는 만큼의 다른 시간이 있다는 걸 알게 되었어. 그 시간 속에서 훌쩍 커 버린 나를 만나는 즐거움, 그런 나와 함께 돌아오기 위해 우리는 여행을 떠나는지도 몰라.

　아직 떠나지 못했다면 이 책 속으로 잠시 여행을 떠나 봐. 여행을 통해 생각이 깊어진 자신을 발견하길 빌게.

2020년 10월
꿈꾸는 여행자 이묘신, 박혜선

차 례

말 많은 자여, 그리스로 가라 ● 10

비극의 또 다른 이름 ● 20

너의 이정표는 어디로 향하고 있니? ● 30

하루의 이별 ● 42

여기는 델포이 고민 상담소입니다 ● 52

나의 벗과 떠난 여행 ● 62

신화는 어떻게 탄생되는가? ● 72

빛이 필요한 순간 ● 82

파도가 전하는 말　　● 92

그곳이 옳았다, 나프폴리오　　● 100

지금, 나는 자유다　　● 110

이 책에 나오는 그리스 여행지

- 메테오라
- 델포이
- 아테네
- 나프폴리오
- 수니온 곶
- 산토리니 이아 마을
- 크레타섬

그리스에 대해 알아볼까요?

그리스의 수도는 아테네로, 국토의 면적은 한반도의 3분의 2 정도예요. 언어는 그리스어를 쓰고 종교는 대부분 그리스 정교를 믿지요. 지중해성 기후로 여름에는 기온이 높고 건조하며 겨울에는 따뜻하고 습도가 높아요.

그리스는 서양 문명의 발상지로 민주주의가 시작되었으며 소크라테스, 플라톤, 아리스토텔레스 등 고대 철학자들이 활동한 나라이기도 해요. 또한 우리가 이미 잘 알고 있는 그리스 로마 신화에 나오는 주인공들의 신전이 곳곳에 있지요.

이 책을 함께 쓴 박혜선, 이묘신 작가님은 그리스의 유적지와 도시를 돌며 어린이 여러분에게 재미있는 신화 이야기는 물론 그리스 문화와 철학 이야기도 들려줄 거예요. 그리고 인생을 살아가면서 스스로에게 한 번쯤 필요한 질문을 던지고 직접 해 볼 만한 활동도 알려 주신답니다.

그럼 이제 방구석에서 그리스로 인문학 여행을 함께 떠나 볼까요?

이묘신, 박혜선 작가님

말 많은 자여, 그리스로 가라

— 박혜선

"넌 왜 이렇게 말이 많니?"

"넌 왜 이렇게 질문이 많아?"

이런 말을 자주 듣는 사람이라면 그리스로 가기를 추천해. 그곳에는 묻고 답하며 종일 이야기를 나누던 곳이 있어.

파르테논 신전이 있는 아크로폴리스, 그 아래 아레스의 언덕을 따라 마을 쪽으로 내려오면 넓은 터가 보여. 바로 아고라야. 아크로폴리스가 신과 귀족들의 공간이었다면 아고라는 그리스 시민들의 공간이었지. 지금은 빈터로 남아 있지만 고대, 이곳은 늘 사람들이 붐비던 시장이었어.

직접 키운 감자나 당근, 올리브유나 포도주를 들고 나와

그리스 시민들의 공간이었던 아고라 광장

손님을 맞이하던 곳, 손님은 대부분 바깥출입이 자유로운 남자들이었어. 그들은 이야기 나누는 것을 좋아했어. '사람이 모인다'는 아고라의 뜻처럼 사람 수만큼 별의별 이야기가 쏟아져 나왔지.

　자기 집 염소가 새끼를 낳았다거나 포도가 익지도 않고 다 떨어졌다는 사소한 일상의 이야기부터 감자값이 너무 올랐다는 둥 포도주를 다른 나라에 팔아 돈을 벌었다는 둥 많은 이야기들이 오갔지. 사람들은 관심 분야별로 나누어 더 깊게 토론하고 토론에서 모아진 의견은 나라 일을 결정하는 데도 큰 힘이 되었지. 바로 아고라에서 나눈 이야기가 '그리스 민주주의'라는 거대한 나무를 키워 낸 씨앗이 된 거야.

　맞아, 그리스 사람들은 말하기를 참 좋아했어. 오죽했으면 말을 잘하기 위해 소피스트들을 찾아갔을까. 소피스트는 돈을 받고 말하는 기술을 가르치던 일종의 과외 선생님이었어. 그러니 그리스에서 살아남으려면 일단 말하는 걸 좋아하고 말을 잘해서 사람들을 설득시키는 힘이 있어야 했지.

　아고라에는 직사각형 대리석 틀이 있는데 시민들이 연설하던 곳이야. 유명한 고대 철학자 소크라테스나 플라톤도 여기서 자주 연설을 했다고 해.

　소크라테스는 말하는 기술을 가르치는 소피스트들과 달랐어. 누군가와 말하는 걸 좋아했는데 그 대화라는 게 지극히 사소하고 일상적인 것이야. 그런데 대화를 계속 이어 가다 보면 어느새 소크라테스가 던진 질문에 빠져들게 돼.

　지금 내 눈앞에 소크라테스가 있다고 치자. 그리고 나는 엄마 심부름을 나온 아이라고 할게. 소크라테스는 기웃거리는 나를 그냥 지나치지 않을 거야. 다가와 말을 걸겠지.

아테네 아카데미 앞
플라톤과 소크라테스 조각상

"어디 가니?"

"시장에 감자 사러요."

소크라테스의 대화는 묻기로 시작해서 묻기로 끝나. 일명 문답식 대화를 즐겼는데 절대 결론을 내려 주는 법이 없어. 생각을 깊게 하지 않으면 소크라테스와 대화를 이어 가기 힘들고 성격이 급한 사람이라면 답답해 그 자리에서 도망칠지도 몰라.

"감자를 살 수 있어 넌 좋겠구나."

"별로 기분이 좋지 않아요. 친구들이랑 놀아야 하는데 엄마가 심부름을 시켰거든요."

"아, 넌 놀 때 기분이 좋구나. 기분이 좋다는 건 뭐야?"

"내 마음대로 하고 싶은 거 하는 거요."

"그럼 네 마음대로 감자를 사지 않고 지금 친구들이 있는 곳에 가서 놀면 넌 기분이 좋겠구나."

"그건 좀 아닌 것 같은데요."

"왜? 네 마음대로 하면 되잖아."

여기까지 도달했다면 아이는 소크라테스의 대화법에 빠져든 거야. 기분이 좋다는 것은 뭘까? 정말 내가 하고 싶은 대로 하는 것? 그럼 난 행복할까? 행복은 또 뭐지?

감자를 사고 돌아가면서도 스스로에게 끊임없이 질문을 던질 테니까. 그리고 심부름을 마치고 돌아온 자신을 환하게 웃으며 안아 주는 엄마 품에서 그 답을 찾을 거야.

정답은 없어. 스스로 답이라고 생각하면 그것이 답이라는 소크라테스식 결론은 끝내 자기 스스로 찾아내야 하는 숙제라는 걸 알게 돼.

그리스의 젊은이들은 스스로를 알기 위해 끊임없이 고민했고 그 고민을 소크라테스와 함께 나누었어. 허연 백발로 남루한 옷을 입고 맨발로 아고라를 거닐며 대화를 나누던 소크라테스.

그리스 젊은이들에게 소크라테스가 있는 아고라는 거리의 학교였고 그곳에서 주고받던 이야기는 교과서였으며 소크라테스의 무수한 질문들은 그들이 살아가면서 풀어야 할 숙제

나 다름없었지.

문득 어린 시절 방학마다 받던 생활 통지표에 쓰여진 글이 떠올랐어.

내 생활 통지표에 적힌 선생님들의 의견은 한결같았지.

"이해력은 뛰어나지만 주의가 산만하다."

"명랑하고 활달한 성격으로 대인 관계가 원만하나 주의가 산만하다."

고백하자면 그때는 선생님들이 말하는 '주의가 산만하다'가 무슨 뜻인지 잘 알지 못했어. '덩치가 산만하다.' 할 때 그 산만하다는 아닐 테고 도대체 그 말이 무슨 뜻일까.

궁금해서 아무나 붙들고 물어보면 '그러니까 주의가 산만하단 소리를 듣지.' 하고는 그 말을 한 번 더 들을 뿐이었지. 좀 커서야 말이 많고 시끄러워 주변이 어수선하고, 왔다 갔다 정신없는 캐릭터라는 걸 알았지만 틀린 말은 아니다 싶었어. 그리고 '산만하다'는 말을 내 식대로 받아들였지.

내가 생각하는 '산만하다'는 건 세상에 대한 호기심이 많다는 거야. 호기심은 생각을 불러오고 생각은 질문으로 이어지고 질문은 다시 답을 찾는 생각으로 이어지지. 그러니 몸도 마음도 산만할 수밖에. 호기심은 하나의 길로 오는 것이 아니라 여러 길로 오고 우르르 한꺼번에 몰려올 때도 많으니 말이야.

소크라테스가 나의 선생님이었다면 이런 내게 뭐라고 했을까?

"너는 말할 때 기분이 좋으냐? 기분이 좋을 때 말하느냐?"

"기분이 좋을 때 말이 많아집니다."

"그럼 말을 안 할 땐 네 기분이 나쁜 것이냐?"

어쩌면 소크라테스의 질문을 듣고 종일 생각에 빠져 말을 잊고 살게 되었을지도 몰라.

못 다한 이야기

도편 추방제, 진정한 민주주의 투표였을까?

고대 아고라 안에 위치한 박물관에는 수많은 도편이 전시되어 있어. 아테네 사람들은 국가에 해를 끼칠 독재자나 민주주의에 방해되는 인물을 미리 가려 쫓아내자는 도편 추방제를 만들었지.

도편은 도자기 조각이라는 뜻으로 당시 그리스 사람들이 사용한 투표 용지라고 생각하면 돼. 독재자가 될 가능성이 높은 사람의 이름을 적어 투표했는데 6000표 이상 나오면 아테네에서 10년간 추방되었지.

놀랍게도 도편에 가장 많은 이름을 올린 사람은 살라미스 해전의 영웅인 테미스토클레스야. 그리스는 페르시아와 세 차례의 큰 전쟁을 겪었지. 1차 전쟁은 강력한 폭풍우로 페르시아 군이 원정을 포기했고 2차 전쟁은 마라톤 평야에서 스파르타의 도움을 받아 그리스가 승리했어. 그리고 그리스 함대보다 두 배 많은 페르시아 함대를 살라미스 해전에서 전멸시킨 테미스토클레스에 의해 3차전도 그리스의 승리로 끝났지. 그는 '그리스의 이순신'으로 불릴 만큼 해전에서 큰 공을 세운 장군이야.

이 시기 그리스는 나라 안에서도 힘 있는 귀족들의 권력 다툼이 심했어. 전쟁에서 큰 공을 세운 테미스토클레스가 자신들의 권력을 위협하는 존재라는 걸 잘 알고 있었던 귀족들은 도편에 그의 이름을 썼고 그 결과 테미스토클레스는 그리스에서 추방당했어. 끝내 아테네로 돌아오지 못하고

도편

낯선 땅에서 자살로 생을 마감하게 돼.
아테네의 민주주의를 완성한 훌륭한 왕 페리클레스의 이름도 도편에 많이 올랐는데 당시로써는 도편 추방제가 개혁에 의한 민주 정치의 한 방법이었지만 때로는 다른 정치적 입장을 가진 정치가를 제거하는 도구로 악용되기도 했다는 걸 알 수 있어. 너무 뛰어나도 위협의 대상이 되고 추방의 이유가 되는구나 하는 씁쓸한 생각이 들기도 해.

 나에게 묻기

나를 성장시킨 진정한 학교는 어디일까?

꼭 학교가 아니어도 나를 성장시키는 곳은 많아. 어떤 사람은 책을 통해, 어떤 사람은 어른들의 지혜를 통해, 또 어떤 사람은 직접 경험하며 얻는 게 진정한 배움이라고 생각하지. 고대 그리스 사람들은 학교가 아닌 거리에서 배우고 익히며 자신이 누구인지 돌아보았어.
경북의 어느 시골 마을에서 태어난 나는 자연이 학교였어. 시계를 몰라도 계절이 주는 변화를 보며 시간을 알았고 자연이 베푸는 고마움을 느끼며 나 또한 누군가에게 고마운 존재가 되어야겠다고 다짐했지.
그럼 너를 성장시킨 학교는 어디였니? 그곳을 통해 넌 어떤 사람이 되고 싶니?

비극의 또 다른 이름

- 이묘신

약 2500년 전 어느 봄날, 디오니소스 극장에서 한 여자가 울부짖었어.

메데이아: 나는 마침내 당신의 심장을 터뜨리고 말았어요.
이아손: 고통받긴 너도 마찬가질 테지. 이 비참한 운명이 어찌 나만의 것이랴.
메데이아: 이제 당신은 나를 더 이상 조롱할 수 없게 되었으니 그만한 값은 한 셈이죠.
이아손: 오, 불쌍한 내 자식들아! 괴물 같은 것을 어미로 가졌으니, 이 무슨 모진 운명이냐!

메데이아: 오, 불쌍한 내 자식들아, 간교한 아비를 가졌으니 그보다 더한 불행이 어디 있더란 말이냐?

그녀는 관중을 향해 울부짖었어. 그래, 이건 그리스 비극 '메데이아'의 한 장면이야.

디오니소스 극장에서는 매년 3월 디오니소스를 기리는 축제가 열려. 이 축제 중에 그리스 비극이 상연되지. 비극은 한 인생의 가장 슬픈 이야기를 결말로 맺는 극의 형식이야.

연극과 공연을 올리던
디오니소스 극장

사람들은 이상하게 불행한 결말을 오래오래 기억하지. 기쁜 일들만 일어나고 행복하게 끝나는 이야기라면 마음 졸이지 않고 볼 수 있을 텐데. 하지만 불행이 있어야 행복의 소중함도 알 수 있는 거겠지.

나는 디오니소스 극장 앞에 섰어. 지금 내 눈앞에 메데이아의 울부짖음이 들려. 메데이아의 이런 비극은 어쩌면 황금 양털을 찾아 나선 이아손을 도와줄 때부터 시작된 거야.

이아손은 왕이 되고 싶었어. 왕이 되기 위해서는 황금 양털이 필요했지. 메데이아가 그 황금 양털을 찾아 주었고 둘은 결혼하게 되었어. 이아손은 결혼했지만 왕

의 자리에는 오르지 못했어. 그래서 이곳저곳 떠돌아다니게 되었는데 그러는 동안 두 아들이 생겼어.

이아손의 가족이 코린토스에 갔을 때 코린토스 왕은 이아손을 자기 딸과 결혼시키려고 마음먹었어. 아들이 없던 코린토스 왕은 이아손에게 왕위를 물려주고 싶어 했어. 이아손도 코린토스 공주와 결혼하고 싶어 했지.

이아손은 욕심에 눈이 멀어 메데이아를 버리고 코린토스 공주와 결혼했어. 메데이아의 분노는 극에 달했지. 그래서 이아손이 정말 아끼는 두 아들을 죽이는 복수를 하려 했어. 메데이아의 어리석은 복수심과 이아손의 욕심이 바로 그리스 비극을 만들었어. 비극의 절정이었지.

발걸음을 옮기는데 이아손이 통곡하는 소리가 자꾸만 귓가에 맴도는 것 같았어. 돌계단이 끝나는 곳엔 철 구조물이 서 있고 여기저기 돌무더기들이 흩어져 있었어. 2500년이 흘렀지만 여전히 이 극장을 찾는 사람들은 그때 상연되었던 비극을 떠올릴 거야.

도시가 생기면 그 도시 사람들은 신전을 세웠지. 사람들이 많이 다니는 광장도 만들어지고 그 어디쯤엔 극장도 생겼어. 그리스 도시를 여행하다 보면 신전과 광장, 그리고 극장은 꼭 있더라고. 비록 허물어져 빈터로 남아 있을지라도 말이야.

돌로 된 의자에 앉았어. 등받이와 팔걸이가 있는 저 의자는 디오니소스 신이 앉았던 곳일까? 아마 저 자리는 소크라테스가 앉았던 곳이었는지도 몰라.

순간 시간을 거슬러 소크라테스와 같은 공간에 있고 싶었어. 소크라테스는 메데이아를 보면서 어떤 생각을 했을까?

메데이아의 마음이 되어 같이 힘들어하고 눈물을 흘렸을까? 아니면 권력 때문에 아들을 잃은 이아손을 보며 고통스러워했을까?

비극! 그리스 사람들은 왜 이런 비극을 즐겨 봤을까?

비극은 잘 알려진 신과 영웅들의 이야기야. 하지만 우리의 이야기라고도

그리스 신화에 나오는
술의 신 디오니소스

할 수 있지. 사람들은 비극을 보면서 거울을 보듯 자신을 비추어 보았을 거야.

두렵고 끔찍한 비극을 보는 동안 '나는 절대로 저렇게 살지 말아야지.' 하고 자신에게 수없이 다짐하고 또 다짐했을 거야. 한 걸음 더 나아가 나를 돌아보고 깨닫는 가르침의 시간이 되었을 거야.

"욕심을 부리지 말자."

"권력을 탐하지 말자."

"복수는 또 다른 복수를 낳는다."

비극을 보면서 그들은 이런 교훈을 마음속으로 되새겼을 거야. 그러다 보면 삶도 잘 다스리게 될 수 있겠지.

디오니소스 극장은 시민을 위한 공간이었지만 배우고 깨닫고 가르침을 주는 공간이기도 했어.

난 오늘 디오니소스 극장에서 그리스 사람들의 과거 모습을 만났어. 그들은 메데이아를 보고 어떤 마음으로 집에 돌아갔을까?

매년 3월, 관객들은 디오니소스 극장을 다시 찾아가지. 그곳에서 권력에 눈먼 남편을 저주하기도 하고, 자기 자식을 죽이기도 하는 끔찍한 비극을 만나.

  관객들은 돌아갈 때 말할 거야. 내 삶에서 이런 비극은 만들지 말아야겠다고. 절대로.

못 다한 이야기
그리스 3대 비극 작가는 누구일까?

소포클레스

그리스 비극은 메데이아 말고도 많아. 비극을 처음 쓴 작가는 아이스퀼로스야. 90편의 비극 중 안타깝게도 7편만 전해지고 있어. 그 중 가장 잘 알려진 오레스테이아 3부작은 『아가멤논』, 『코이포로이』, 『에우메니데스』인데 그가 쓴 마지막 작품이야.

부유한 무기 상인의 아들로 태어난 소포클레스도 그리스를 대표하는 작가지. 어려서부터 최고의 교육을 받은 소포클레스는 123편의 작품을 쓰고 비극 경연 대회에서 18번이나 우승했어. 오이디푸스 왕 알지? 아버지를 죽이고 어머니와 결혼한 비극의 주인공 말이야. 소포클레스의 작품 중에서 『오이디푸스 왕』이 가장 유명해.

에우리피데스는 18편의 작품이 전해져. 특히 여성의 심리 묘사에 뛰어났어. 에우리피데스는 신화나 전설에 구애받지 않고 당시 사회의 정치, 종교, 철학을 바탕으로 작품을 썼어. 『엘렉트라』, 『트로이의 여인들』, 『메데이아』가 있어.

이렇게 비극 작가들이 수많은 비극을 썼던 이유는 인기가 많기 때문이야. 이유가 뭘까?

비극이 자기의 이야기라면 못 견디게 괴롭고 힘들었겠지. 그러나 비극을 보면서 사람들은 대리 경험을 하게 돼. 불안이나 두려움은 누구에게나 있잖아. 비극을 보면서 '아, 저렇게 살면 안 되겠구나.' 하고 깨닫게 돼. 그래서 지금도 많은 무대에서 비극이 상연되고 있는 거야.

슬픔을 이기는 나만의 방법은 뭘까?

나는 언제 가장 슬펐지? 문득문득 슬픔을 느낄 때는 많아. 아는 사람의 장례식에 갔을 때, 가족이 아플 때, 마음먹은 일이 제대로 풀리지 않을 때 힘이 빠지고 슬퍼져.

그럴 때 나는 나만의 방법으로 슬픔을 이겨 내. 산책하기, 잠자기, 맛있는 음식 먹기, 낙서하기……. 모두 슬픔에서 벗어나려고 생각을 비우는 방법이야. 슬픔과 조금 떨어진 곳에서 머릿속을 비우고 바라보면 어느새 슬픔이 지나가는 것을 알게 돼. 그러고도 아직 슬픔이 남아 있다면 눈물을 흘리기도 하지. 눈물을 흘리고 나면 속이 시원해지거든. 마치 슬픔이 눈물로 다 빠져나간 것처럼 말이야.

너는 슬픔을 어떻게 극복하니? 너만의 슬픔 극복 방법은 무엇인지 한번 생각해 봐.

너의 이정표는 어디로 향하고 있니?

– 박혜선

낯선 지명이 주는 설렘. 그래서일까? 여행지에서 이정표를 만나면 마음이 두근거려. 빠져나가야 할 때와 들어서야 할 때를 알려 주는 이정표는 길 위의 언어이며 그림 같다는

생각이 들어.

  차를 타면 운전석 옆자리에 앉아 카메라를 꺼내. 그리고 창밖으로 스쳐 가는 이정표를 찍기 위해 셔터에 손을 올려놓고 기다려. 차의 속도와 이정표가 서 있는 거리를 나름 계산해야 하거든. 셔터를 너무 빨리 누르거나 너무 늦게 누르면 이정표를 제대로 잡지 못해. 몇 번을 누르고서야 겨우 한두 장 정도 반듯하게 찍힌 이정표를 만날 수 있지.

여행을 다니다 보면 초록 표지에 도시 이름이 적힌 이정표를 수없이 만나. 이정표 속 도시는 가 보지 않아서 더 궁금한 곳으로 남아. 그곳에 사는 사람들, 그들이 거니는 길과 시장과 상점들…….

골목길로 접어들면 제라늄 화분을 밖으로 걸어 놓은 창이 있을 것만 같아. 살짝 다가가 그 집 창문을 두드려 보고 싶어져. 그럼 누군가 문을 열고 웃으며 눈인사를 해 줄 것 같아. 이런 상상만으로 이정표 속 낯선 도시는 어느새 정겹고 따뜻

한 곳으로 변하지.

누가 처음 거리에 이정표를 세웠을까? 이정표의 역사는 그리스와 함께 시작되었다고 볼 수 있어.

날개 달린 지팡이를 들고 다니는 헤르메스는 여행자나 목동을 주관하는 신이야. 또 신의 말을 인간에게 전하는 전령이기도 하지. 헤르메스라는 말에서 나온 헤르마(Hermes)는 마을과 마을 사이에 세워 둔 경계석으로 사람 얼굴 모양의 돌조각을 말해.

여행자나 목동을 주관하는 헤르메스

그리스에서는 길이나 마을이 시작되는 곳에 어김없이 헤르마를 세워 놓았지. 뒹구는 게 다 돌이니 그럴 만도 해. 나무가 흔한 우리나라가 장승이나 솟대를 세워 둔 것처럼 말이야. 그리스 신화에서 출발한 헤르마라는 이 돌상이 도로의 표지판인 이정표의 첫 조상이야.

가도 가도 바위산뿐인 그리스에서 길을 떠나는 사람들에게 마을은 목숨과 연결돼. 마을을 만나지 못하면 얼어 죽거나 굶어 죽거나 짐승의 습격을 피할 수 없으니 길 위의 이정표는 곧 생명줄이나 다름없어. 그래서 돌로 얼마쯤 가면 마을이 있다, 고개 끝에 옹달샘이 있다고 나름 표시를 하며 다닌 거지. 사람들은 이정표를 보며 집으로 돌아올 수 있었어.

그런데 한 번 들어서면 다시 돌아올 수 없는 길이 있어. 이정표가 없냐고? 당연하지. 크레타의 라비린토스, 바로 미궁이야. 그 길 끝에는 미노타우로스라는 괴물이 살아. 여기까지 듣고 아, 그 괴물을 물리친 테세우스 이야기를 하는구나 싶겠지만 아니야.

지금 이야기에서는 인간의 몸에 황소 얼굴을 한 미노타우로스가 주인공이고 테세우스는 잠시 엑스트라로 등장해.

크레타 미노소스 궁전을 돌며 미노타우로스를 오랫동안 생각했어. 미노타우로스의 아버지는 포세이돈이 신물로 내린 황소야. 어머니는 크레타 왕 미노스의 아내인 왕비 파시파에. 신의 저주로 태어난 황소 인간 미노타우로스는 아테

미궁으로 유명한
크레타 미노소스 궁전

네에서 바친 젊은이들을 잡아먹으며 평생을 빛 한 줄기 없는 미궁에서 살아야 하는 운명이었어. 돌이켜 보면 이 비극적 탄생의 책임자는 양아버지인 미노스 왕이었지.

"포세이돈이시여! 제가 크레타의 왕이 될 수 있게 신물을 주십시오! 그 신물을 다시 신께 바쳐 감사의 마음을 잊지 않겠습니다."

　포세이돈은 크레타 왕의 말을 믿고 신이 선택한 왕이라는 징표로 황소를 보냈어. 그 황소 덕분에 미노스는 형제들을 물리치고 왕이 되었지. 하지만 돌려주기로 한 황소가 너무나 탐났어. 욕심에 눈이 먼 미노스 왕은 몰래 다른 황소와 바꿔치기를 했는데 신을 우습게 본 거지.

미노소스 궁전의 황소의 방

포세이돈은 화가 나 황소와 왕비가 사랑에 빠지게 만들었고 그 사이에서 비극의 주인공인 미노타우로스가 태어난 거야. 양아버지의 욕심에 신의 화풀이가 더해진 희생자, 게다가 평생을 미궁에 갇혀 지내는 형벌을 받아야 했으니 얼마나 억울했을까.

미노타우로스의 마음을 짐작해 봤어.

'나는 왜 태어났을까? 어디로 가야 빛을 찾을 수 있을까?'

처음엔 빛을 찾아 밖으로 나가는 이정표가 간절했을 거야. 하지만 도망치면 도망칠수록 더 깊은 미궁 속으로 빠져들었지. 그 순간 깨달았을 거야. 자기에게 내린 형벌은 미궁에 갇혀 사는 삶이 아니라 희망이 사라진 삶이라는 걸 말이야.

고통을 참는 건 그 끝에 희망이 있기 때문이잖아. 언제까지 이렇게 살아야 할까? 미노타우로스는 자신의 운명을 바꿀 새로운 이정표를 찾고 싶었을 거야.

라비린토스, 미궁에서 미노타우로스가 찾은 이정표는 어쩌면 이 저주의 삶을 끝내는 것이었는지도 몰라. 지금까지 한 번도 싸움에서 진 적 없는 무적의 미노타우로스가 테세우스의 주먹에 맞아 쓸쓸하게 죽음을 맞이한 건 어쩌면 스스로 선택한 일이었는지도 몰라.

 테세우스는 영웅의 이름이 필요했고 그 영웅의 손에 죽음을 맞이한 미노타우로스는 희망 없는 삶을 끝낼 이정표를 찾은 것이나 마찬가지였으니까.

 부서진 미노소스 궁전에는 황소의 방이 있어. 관광객이 가장 많이 몰려드는 곳이지. 벽에 갇힌 소가 긴 뿔을 세우고 금방이라도 벽을 뚫고 나갈 것 같은 모습이야.

 미노타우로스도 처음엔 저 모습이었겠지. 밖으로 나가는 이정표만 있었다면 미궁을 박차고 나와 올리브 숲과 포도밭을 지나 백합의 골짜기까지 달리고 싶었을 거야.

 흔히들 인생을 길에 빗대기도 해. 그 길에 발자국을 남기는 것, 그게 삶이라고들 하지. 사뿐사뿐 찍히는 발자국, 보일 듯 말 듯 희미한 발자국, 당당하게 나아가는 발자국, 돌아서는 발자국, 머뭇거리는 발자국…….

 고개를 들어 보면 길 위에는 발자국처럼 무수한 이정표들이 있어. 너무 힘들어 절망에 빠지면 늘 서 있는 이정표도 보이지 않아. 무거운 성적표를 받고 돌아오는 길, 상처 가득한 마음을 안고 걸을 때도 이정표는 있어.

난 지금 어디로 가고 있을까? 잘 가고 있는 걸까? 고개를 들어 봐. 그럼 이정표가 보일 거야.

"머뭇거리지 말고 가. 아니면 다시 돌아가면 돼. 네가 가는 길이 곧 너의 이정표야."

못 다한 이야기

미노소스 궁전을 발견한 아서 에번스

유적과 유물이라는 말 속에는 오래된 시간과 공간이 함께 들어 있는 것 같아. 우리는 오래된 시간과 공간을 만나기 위해 여행을 하고 그 여행에서 지금 내가 있는 시간과 공간을 마주하게 되는 짜릿함을 맛보게 돼.

크레타 문명을 세상에 알린 사람은 영국의 고고학자 아서 에번스(1851-1941)야. 트로이의 목마를 읽고 트로이를 찾아 나선 슐리만처럼 에번스 또한 미노스 왕 이야기에 빠져 그가 살던 궁전을 찾아 나섰지. 그리스 고대 도시들이 신전에 힘을 기울인 데 비해 크레타 문명은 왕 중심의 도시였고 화려한 미노소스 궁전이 만들어졌지. 목욕탕과 하수구, 수세식 화장실에 베란다까지 갖춘 발전된 문명을 알 수 있는 궁전에는 더위를 식히기 위해 물을 저장하는 단지까지 있었다고 해.

미노소스 궁전 터

하지만 발견 당시에는 폐허나 다름없었어. 에번스는 다시 기둥을 세우고 벽을 만들어 색칠했어. 콘크리트를 사용해 부서진 곳을 보수하고 건물을 채워 나갔지. 신화를 바탕으로 상상력을 발휘하면서 말이야. 미노소스 궁전은 복

원되었고 전쟁과 지진에도 끄떡없이 유지되었지. 이제는 수많은 관광객이 궁전 앞에서 사진을 찍지. 사람들은 에번스를 고고학자가 아닌 유적 건축가라며 자신의 상상력으로 크레타 문명을 건설했다는 부정적인 평가를 하기도 해.

여기서 잠깐, 고민이 생겨. 부서지고 무너진 그대로의 원형을 지키고 보호하는 것과 신화와 역사를 통해 재현해 내는 것, 과연 어느 것이 유적과 유물을 위하는 일일까 하고 말이야.

나는 지금 어디쯤에 있을까?

인생을 100년으로 두고 나를 설계해 보는 거야. 각 나이대에 내가 꼭 하고 싶은 일은 뭘까?

내가 좋아하는 악기를 정해 초등학교 졸업식 때까지 익히기, 중학교 방학 때 친구들이랑 기차 여행 해 보기, 고등학교 때까지 마음을 나눌 수 있는 친구 10명 만들기…….

20대에, 30대에 꼭 하고 싶은 일, 내가 꼭 가야 할 길을 생각해 보는 거야. 가다 보면 네가 걷는 길목에서 힘을 보태고 위로를 보내는 누군가도 만날 거야. 이정표처럼 말이야.

지금 너는 네 인생의 어디쯤 걷고 있니? 잘 가고 있는 거지? 즐겁고 신나게 나아가길 응원할게.

하루의 이별

– 이묘신

아크로폴리스에서는 당일 여행을 신청했어. 아크로폴리스를 돌아보고 아레오 파고스 언덕, 고대·로만 아고라, 플라톤이 세웠다는 아카데미까지 둘러보는 일정이었지. 안내자의 설명을 놓칠세라 따라다니기 바빴어.

아레오 파고스 언덕으로 가는 길, 거리의 연주자를 만났어. 골목길 돌계단에 걸터앉은 노신사는 기타를 치고 있었지. 다니는 사람들

거리의 연주자

이 뜸해서 그런지 연주를 듣는 이가 없었어. 자꾸만 마음이 쓰여 멈춰 서서 들었어. 무리들은 벌써 저만치 멀어졌어. 빨리 걸으면 따라잡을 수 있겠지, 생각하며 연주를 끝까지 들었어.

산토리니 이아 마을에서도 연주자를 만났어. 세계적으로 유명한 이아 마을의 일몰을 보기 위해 걸음을 재촉했어. 조금이라도 늦으면 좋은 자리를 맡지 못하거든.

빠르게 걸으면서도 파란 바다와 하얀색 건물들을 보며 감탄사를 연발했어. 그러다 우뚝 멈췄어. 어디선가 흘러나오는 음악 소리! 바로 몇 발자국 앞에서 은발의 아저씨가 바이올린을 켜고 머리를 묶은 여자는 기타를 치고 있었지. 좁은 골목길 담벼 앞에서 말이야.

솔직히 아주 능숙한 솜씨는 아니었어. 저들은 왜 골목길에서 연주하고 있는 걸까? 음악의 신 뮤즈가 다녀간 걸까?

여행하면서 느낀 거지만 그리스 사람들은 예술을 참 많이 사랑하는 것 같아. 어디를 가도 노랫소리와 악기 소리가 들려.

온통 희거나 푸른 빛으로 가득한
산토리니 이아 마을

거리나 지하철역이 공연장이 되고 지나가는 사람들이 관객이 되는 풍경을 자주 봤거든.

예술은 하는 사람과 보는 사람이 서로 공감하는 것이 중요하다고 생각해. 거리에서 연주하는 두 사람은 스스로의 연주에 흠뻑 취해 있었어. 그 모습이 지나가는 사람들의 발걸음을 멈추게 했을 거야.

그들은 용기를 가지고 소박한 재능을 공유하기 위해 골목길로 나왔겠지. 내가 음악에 빠져 있는 사이, 많은 사람들이 오고 가는 발소리는 연주와 조화롭게 흘러갔어.

매일매일 바쁘게 사느라 긴장했던 몸과 마음이 한꺼번에 풀어졌지. 서로 언어가 통하지 않았지만 역시 음악은 전 세계 사람들의 공통어다웠어.

드디어 연주가 끝났어. 음악을 선물해 준 연주자에게 바로 손뼉을 쳐 주었어. 연주자 보란 듯이 엄지손가락을 추켜올렸지. 말도 안 통하는 이곳에서 모르는 사람의 연주를 듣고 무슨 용기로 엄지손가락을 추켜올렸는지 모르지만.

연주자들은 우리 반응에 더 신났어. 바이올린을 켜고 기타를 치는 몸이 들썩거렸어. 연주하는 사람도 듣는 사람도 다시 행복해졌지. 서로 다른 나라에서 온 사람들이 만나 음악으로 소통하고 공감하는 것이 얼마나 멋진 일인지 몰라.

처음엔 내가 그들의 관객이 되어 주고 싶어서 발길을 멈추었어. 그리고 열심히 연주하는 그들의 모습에 저절로 응원의 손길을 보내게 되었어.

우리는 하고 싶은 일과 좋아하는 일을 하지 못하고 살 때가 많아. 하고 싶은 일을 하기 위해 용기를 내야 할 때가 있어. 그 용기는 내가 낼 수도 있지만 누군가에 의해 얻기도 하지. 누군가 그 일에 고개를 끄덕여 주고 지지해 주는 것, 바로 공감이야. 공감의 힘은 무엇이든지 더 잘할 수 있게 만들어 주잖아.

연주자들에게 살짝 눈인사를 하고 그곳을 떠났어. 그들은 길 위에서 많은 사람들을 만나고 헤어지는 것에 이미 익숙할 거야. 하지만 내가 추켜올린 엄지손가락이 그들에게 내일도 이 자리에서 다시 연주할 수 있게 하는 희망이 될지도 몰라.

동참하고 공감하는 것도 용기가 필요한 것 같아. 내가 부끄럽다고 그냥 지나쳤다면 어땠을까?

일몰 시간이 가까워 오는지 사람들의 발걸음이 더 빨라졌

어. 산토리니에 온 여행자들 모두가 일몰을 보기 위해 이곳 이아 마을로 모여든 듯 발 디딜 틈이 없었어.

사람들에게 떠밀려 바다 쪽으로 걸어갔어. 하지만 일몰 풍경이 가장 아름답다는 곳에는 벌써 사람들로 꽉 차 있었지.

결국 우리는 자리를 잡지 못하고 한적한 곳에서 일몰을 기다렸어. 바다로 떨어지는 해는 어디에서 보아도 눈부시게 아름다우니까.

 골목을 돌아 나오는데 연주자들은 아직도 연주 중이야. 그 앞을 지나는데 연주자가 눈인사를 하며 아는 척했어. 좀 전에 귀 기울여 들어 주고 따스한 눈길로 응원해 준 우리를 분명 기억했던 거야.

 다시 골목길을 걸었어. 연주자의 리듬 한 부분이 여운처럼 계속 뒤따라왔어. 오늘 나는 일몰을 버리고 음악을 선택했어. 해와 이별하는 것보다 거리의 연주자들과 손짓과 미소로 한 하루의 이별이 더 아름다웠어.

 저 멀리 해가 넘어가고 있어. 섬이 붉은빛으로 물들기 시작했어.

못 다한 이야기

아내를 위한 선물

조수미, 정명훈, 야니, 엘튼 존, 캬라얀!
이 유명한 음악가들의 공통점이 무엇인지 알아? 바로 헤로데스 아티쿠스 음악당에서 공연한 사람들이야. 이 음악당은 아테네 귀족인 헤로데스 아티쿠스가 죽은 아내를 위해 지었다고 해. 그 슬픔이 얼마나 컸길래 이렇게 웅장하고 큰 음악당을 지어 죽은 아내를 위로했을까?

이 음악당은 세계적으로 많은 사람들이 찾는 관광지 중 한 곳이야. 고대의 유적으로 남아 있는 것이 아니라 오늘날에도 공연이 열리고 있어. 고전극, 오페라, 콘서트 등이 열리는 야외 음악당! 너무나 멋지지 않니?

세계적인 피아니스트가 되고 싶다고? 세계적인 성악가가 되고 싶다고? 너의 꿈에 이곳에서 꼭 공연하고 싶다는 희망도 추가했으면 좋겠어.

헤로데스 아티쿠스 음악당

 **나에게 묻기**

나의 공감 능력 점수는?

나는 공감 능력이 좋은 편이야. 점수로 따진다면 몇 점이 될까? 아마도 80점은 넘을 거야. 왜냐하면 나는 사람들의 말을 잘 들어주거든. 그리고 맞장구도 잘 쳐 주지.

공감을 잘하는 사람은 어딜 가더라도 인기가 많아. 공감은 어쩌면 함께 세상을 살아가는 사람들을 이해하고 응원하는 태도라고 볼 수 있지. 그런 사람이 네 곁에 있다고 생각해 봐. 힘든 일도 헤쳐 나갈 수 있는 용기가 팍팍 전해지지 않겠니?

공감하며 사는 것! 함께 살아가는 우리들이 서로에게 보내는 무한한 응원의 마음이 아닐까.

여기는 델포이 고민 상담소입니다

― 박혜선

어서 오세요, 여기는 델포이 고민 상담소입니다.

첫 번째 손님 리디아의 왕 크로이소스가 등장했어. 그는 페르시아를 차지하고 싶은데 도무지 전쟁을 해야 할지 말아야 할지 확신이 서지 않았지. 어느 신탁소를 찾아가야 확실한 답을 들을 수 있을까? 나라의 흥망이 달린 문제였어.

크로이소스는 치밀하고 신중하게 여러 신전을 시험해 보고 자신의 일상을 가장 잘 맞춘 델포이 아폴론 신을 선택했어. 엄청난 보물을 들고 찾아가 고민을 털어놓았지. 드디어 신탁이 내려왔어.

"당신이 강을 건넌다면 큰 나라가 멸망할 것이오."

기다리던 답이었지. 그럼 그렇지, 리디아의 왕은 그 길로 강을 건너 페르시아를 공격했고 결과는 참담했어. 페르시아가 아니라 자신의 나라 리디아가 망했거든. 그럼 신탁이 틀린 걸까?

아니지. 신중하게 영험한 신탁소를 고르던 그의 치밀함은 신탁을 받는 순간 경솔과 자만에 빠진 거야. 신탁 그 어디에도 페르시아가 멸망한다는 말은 없었거든.

믿고 싶은 대로 믿은 크로이소스는 자신의 선택을 확신했지. 전쟁을 할 것인가 말 것인가 하는 고민은 신탁을 받은 뒤

델포이 아폴론 신전

에 이루어졌어야 했어. 신탁이 말한 큰 나라는 리디아였을까? 페르시아였을까? 여기서 여러 가지 상황을 돌아보고 현명하게 선택했다면 이런 비극을 막을 수도 있지 않았을까?

두 번째 손님은 아테네의 아이게우스 왕이야. 그는 늙도록 자신의 뒤를 이을 왕자가 없어 델포이 신탁소를 찾았지.

"아들은 얻을 것이오. 그러나 아테네로 돌아가는 동안 절대 가죽 부대의 뚜껑을 열지 마시오."

이 아리송한 신탁은 도대체 무슨 뜻일까. 어려운 시의 한 구절 같기도 한 신탁은 아이게우스에게 궁금증만 더 보태 주었어. 그래서 트로이젠 왕인 친구를 찾아갔어. 친구 또한 신탁을 풀어내는 뛰어난 예언가였거든.

"이보게 친구, 뭘 그리 고민하나. 별거 아니니 걱정 말고 술이나 마시세."

아이게우스는 자신에게 내린 신탁의 뜻을 풀어 줄 친구를 찾아갔다가 가죽 부대의 뚜껑을 열고 그 안의 포도주를 마셨지. 친구는 아이게우스가 받은 신탁의 뜻을 이미 알고 있었어. 아테네에 도착하기 전까지 절대 술을 마시지 말라는 뜻이라는 걸 말이야.

친구는 신탁을 이용해 아이게우스를 술에 취하게 만들고 자신의 딸과 사랑에 빠지게 만들었지. 트로이젠에서 흥청망청 놀던 아이게우스는 아테네의 왕위를 너무 오래 비워 둔 걸 깨닫고 급히 돌아가게 돼.

신발과 칼을 바위 밑에 숨겨 두고 자신과 사랑에 빠졌던 친구의 딸이 혹시 아들을 낳거든 바위에 숨겨 둔 물건들을 찾아 자신에게 오라는 약속을 남기고 말이야.

시간이 흐르고 아들은 아버지의 물건들을 찾아 아테네로 가지만 아이게우스는 아들인 줄 모르고 독살하려다 칼을 보고서야 자신의 아들임을 알게 돼. 아들은 아버지에게 인정받기 위해 아테네 젊은이들을 재물로 삼는 크레타의 미노타우로스를 죽이겠다며 떠나고 아이게우스는 그런 아들을 바닷가에서 목이 빠져라 기다렸지.

"네가 살아 돌아온다면 그 징표로 흰 돛을 달고 오거라."

미노타우로스를 물리친 아들은 기쁨에 빠져 아버지의 약속을 잊고 검은 돛을 단 채 항구로 들어섰고 검은 돛을 본 아이게우스는 아들이 죽었다는 슬픔에 그만 바다로 뛰어들었어. 그 바다가 바로 영웅 테세우스의 탄생과 아이게우스의 이름을 따 에게해가 되었다는 이야기야.

이쯤 되면 '아이게우스는 왜 가죽 부대의 뚜껑은 열어 가지고.'라는 아쉬움이 남지. 이 모든 일은 그가 마시지 말라는 포도주를 마시고 술에 취해 일어난 일이었어.

포도주 뚜껑을 열지 않고 아테네로 바로 돌아갔다면 지금의 결말과 다를 수도 있겠지. 그러나 더 큰 문제는 자신에게 내린 신탁을 누군가 대신 풀어 주길 바란 마음이 아닐까.

세 번째, 델포이 신탁소를 찾은 사람은 테베의 왕인 라이오스야.

"당신의 아들은 아버지를 죽이고 어머니를 아내로 맞이할 운명을 타고 났소."

아, 차라리 모르는 게 나았어. 아들이 언제 생길까 궁금해서 신탁소를 찾았는데 이젠 아들이 생길까 두려움에 떨게 되었으니 델포이 신탁소에 가지 말았어야 했지.

그러나 신탁의 예언대로 아들이 태어났고 라이오스는 아들의 발에 구멍을 뚫어 죽이라 명령했지. 하지만 신하는 왕의 아들을 차마 죽일 수 없어 산에 버리고 돌아왔어. 그 아이는 코린토스 왕의 아들이 되었지.

 아무것도 모른 채 자란 오이디푸스(부은 발이라는 뜻)는 아버지와 닮은 구석이 하나도 없는 자신의 운명을 알아보기 위해 델포이 신탁소를 찾게 돼. 그 옛날 라이오스의 신탁을 그대로 듣게 된 오이디푸스는 자신의 운명을 피하기 위해 코린토스를 도망쳐 떠돌이가 되었어.

 어느 날 오이디푸스는 마차를 타고 가던 늙은이와 싸움이 붙어 늙은이를 죽이게 돼. 그리고 이곳저곳을 떠돌다 스핑크스의 저주에 걸린 테베를 구하고 그 나라 왕비와 결혼해 테베의 왕이 되었지.

아들 딸 낳고 행복하게 살던 어느 날, 원인 모를 병으로 백성들이 죽어 나갔어. 그러자 오래전 죽은 라이오스 왕의 저주 때문이라는 소문이 돌았어. 라이오스 왕을 죽인 살인자를 찾아내라고 했던 오이디푸스는 진실을 알게 돼. 오래전 마차를 두고 실랑이를 벌이다 죽인 늙은이가 자신의 아버지인 라이오스 왕이었다는 것과 지금의 아내가 바로 어머니였다는 걸 말이야.

신탁을 듣지 않았다면 라이오스는 아들이 생겼을 때 세상에서 가장 행복한 아버지가 되었을 거야. 예언을 몰랐다면 자신의 아들을 버리지 않았을 테고 오이디푸스가 코린토스의 왕자가 되는 일은 일어나지 않았을 거야. 자신의 아버지를 죽이고 어머니와 결혼하는 일은 더욱 없었겠지.

운명이라는 것, 그 말 속에는 거역할 수 없는 절대적 힘이 따라붙어. 나약한 인간은 끊임없이 흔들리고 운명이라는 말에 갇혀 후회하며 살아가기도 하지. 델포이 신탁은 어쩌면 인간의 마음이 만들어 낸 것일 수도 있다는 생각이 들어.

델포이 신탁소에서 나도 신탁을 받아 보고 싶었어. 오래된 내 고민을 물어보고 싶었지.

"제 책이 언제쯤 대박이 날까요?"

참 바보 같은 질문이라는 걸 알면서도 다가올 미래가 견딜 수 없을 만큼 궁금했지.

델포이의 신탁, 수많은 신탁이 내려지고 그 신탁으로 인간은 더 큰 고민에 빠지게 돼. 그걸 알면서도 미래가 궁금하고 운명이 알고 싶은 인간의 마음이 델포이를 찾게 했을지도 몰라. 조바심을 달랠 곳이 필요했으니 말이야.

그러나 신탁은 늘 한결같이 말했지.

"답은 너도 알고 있다. 다만 너의 선택만 남았다."

내게 주어진 삶, 그 모든 선택은 나 스스로 해야 한다는 것을 알면서도 리디아의 왕처럼 오이디푸스의 아버지처럼 묻고 또 묻는 것이 인간인 것 같아.

못 다한 이야기

국제 도시 델포이

이 세상의 중심은 어디일까? 그리스 신화에는 이렇게 전해지고 있어. 어느 날 제우스는 자신이 지배하는 세상의 중심이 어디인지 몹시 궁금했어. 그래서 동쪽 끝과 서쪽 끝에서 독수리를 날려 보냈지. 하늘을 날던 두 독수리들은 델포이 페르나소스 산꼭대기에서 서로 만났어.

제우스는 두 독수리가 만난 델포이를 세상의 중심으로 선포했고 이를 기념하기 위해 '세상의 배꼽(navel of the world)'이라는 뜻의 옴파로스 돌을 세웠지. 사람들은 아폴론을 기리는 신전을 세우고 신탁소를 만들었어. 영험하기로 소문난 신탁소는 왕부터 귀족, 그리스의 철학자와 사상가들은 물론 이웃 나라 사람들도 구름처럼 몰려들었어. 그 많은 사람들이 한꺼번에 신탁을 받는 게 아니었어. 신탁을 받으려면 몇날 며칠, 많게는 몇 달, 몇 년도 기다려야 했지. 사람들이 모이자 먹고 자는 것부터 시작해 시장과 숙소가 생기고 즐길거리를 위

세상의 중심이라는 델포이의 옴파로스 돌

해 극장과 경기장이 생겨났지. 도시가 점점 커지면서 사람들은 돈이 되는 정보를 사고 팔기도 하고 도시 사이에 무역이 이루어지기도 했어. 그러다 보니 델포이는 어느새 정보의 도시, 문화의 도시를 넘어 제우스의 말대로 세상의 중심인 국제 도시로 우뚝 서게 된 거야.

 **나에게 묻기**

나는 나를 얼마나 믿고 응원하는가?

이리로 갈까 저리로 갈까. 심지어 문방구에 가면 이걸 살까 저걸 살까. 우리는 수많은 선택과 고민을 하며 살지. 시험지 앞에서는 이게 답일까 저게 답일까? 친구를 사귈 때도 친구랑 헤어질 때도 마음속에서 이럴까 저럴까 수백 번도 넘는 갈등을 하지. 이럴 때 누군가 대신 어느 선택이 나은지 알려 주면 얼마나 좋을까?

그러나 그 선택은 내가 해야 하는 거야. 무엇을 선택하든 그 순간 그 선택이 최선이라는 믿음, 그 믿음이 너의 선택에 힘을 실어 줄 거야.

나는 어떤 일을 할 때 행복할까? 나는 어떤 어른이 될까? 먼 미래의 나를 떠올려 봐. 미래의 너 또한 네가 선택한 대로 네가 믿어 준 대로 되지 않을까. 네 마음을 믿어. 네 선택이 최선이라고 격려해 주며 응원해 주는 네가 되길 바랄게.

나의 벗과 떠난 여행

- 이묘신

2002년 두 청년이 이곳 산토리니를 찾았어. 그들은 골목길을 돌아다녔어. 푸른 바다와 아기자기한 골목길이 정말 아름다웠어. 그들의 고향인 영국도 사방이 바다였지만 산토리

니의 바다는 눈을 뗄 수가 없었지. 짙푸른 바다와 햇살에 빛나는 하얀 집들이 환상적인 이 섬에는 없는 게 없었어. 선물 가게, 보석 가게, 옷 가게, 그림 가게, 식당…….

하지만 지중해를 품은 책방이 없었지. 두 청년은 문득 생각했어. 이런 곳에 책방 하나 있으면 정말 좋겠다고. 나라도 그런 생각을 했을 거야. 지중해를 품은 책방? 정말 잘 어울리는 풍경이잖아. 그런 생각을 품고 고향으로 돌아간 두 청

년은 열심히 돈을 모았어. 그리고 약속을 지켰지.

2년 후에 청년들은 산토리니로 돌아와 작은 책방을 하나 차렸어. 바로 아틀란티스 책방이야.

사람들은 산토리니에 와서 일몰 보는 것도 좋아하지만 이 책방에도 꼭 들러. 나도 이 책방에 와서 꼭 하고 싶은 일이 있었어. 그걸 바로 행동으로 옮겼지.

산토리니의 아틀란티스 책방

책방 안은 관광객들로 북적거렸어. 아무도 내게 시선을 주지 않았지. 책을 보는 사람들 틈을 다니며 기회를 살폈어. 똑같은 책인데 이 책방에 있는 걸 보니 기분이 이상했어. 이곳에선 더 멋지고 낭만적으로 보였지.

어쩌면 산토리니 분위기 때문인지도 모르겠지만 나는 빨리 내 책에게도 이런 느낌을 선물해 주고 싶었어. 얼른 가방을 열었어. 그리고 슬쩍 점찍어 둔 자리 앞에서 어슬렁거렸지. 사람들은 책에 빠져 내게 관심이 없었어. 그래, 이때야. 나는 가방에서 꺼낸 책을 슬쩍 올려놓았어.

'책벌레 공부벌레 일벌레!'

한글이 눈에 쏘옥 들어왔어. 바로 나의 첫 동시집이야.

이 책은 작가가 되고 5년 만에 출간되었어. 책이 나오기 전까지 5년이라는 긴 시간, 나는 수많은 좌절과 절망 속에서 살았지.

도대체 내 시는 왜 아무도 알아주지 않는 걸까? 도대체 왜 내 책을 내주지 않는 걸까? 여러 출판사를 알아봤지만 매번 거절당했거든. 좌절과 절망에 빠지기도 했지.

그러다 첫 책이 나왔으니 얼마나 좋았겠어. 한편으로는 내 책에게 미안하고 안쓰러운 마음도 들었어. 주인을 잘 만났으면 더 빨리 나올 수 있었을 텐데. 그러면 5년이란 시간은 걸리지 않았을 거라는 반성의 마음도 들었지.

내 꿈은 세계적으로 잘 팔리는 베스트셀러 작가가 아니야. 작가로서 큰 상을 받고 싶은 욕심도 없어. 다만 내가 좋아서 쓴 시들이 시집으로 출간되고, 그 시집을 누군가 기쁘게 읽으면 좋겠다는 소박한 꿈을 가졌을 뿐이야.

내가 여행을 가듯 내 책도 낯선 곳으로 떠나는 설렘을 느끼게 해 주고 싶었어. 그 설렘을 바로 이 아틀란티스 책방에서 알게 해 주었지.

'책벌레 공부벌레 일벌레야. 참 많이 애썼다.'

낯선 책들 사이에 나란히 앉아 있는 내 책을 쓰다듬었어. 꼭 내가 나를 위로해 주는 것 같아 울컥했어.

'책벌레 공부벌레 일벌레야, 네가 정말 자랑스러워.'

가슴이 뭉클하면서도 뿌듯했어. 그리고 나는 그 책을 다시 가방 속에 넣었어. 짧았지만 이 정도면 충분해.

이곳에 왔으니 나도 책 한 권은 고르고 싶었어. 내가 선택한 책은 『피터 래빗』이었어. 손바닥만 한 책이었지. 그리스

서가에 올려놓은 작가의 첫 동시집

산토리니의 책방, 내 책이 놓여 있던 책방에서 사 온 책이 문득문득 위안이 될 거라 믿었어.

베아트릭스 포터의 삶이 떠올랐어. 그녀는 피터 래빗 이야기를 출판하려고 했으나 번번이 거절당했어. 나 역시 첫 책을 내기까지 출판사로부터 여러 번 거절당했어. 그때마다 땅으로 꺼져 사라지고 싶었어.

그 좌절감을 알기에 베아트릭스 포터의 마음도 알 수 있었지. 하지만 그녀는 결국 재능을 인정받고 세계적으로 유명한 작가가 되었어. 그녀가 성공해서 잘 되었을 때 나는 같이 기뻐했고 같이 울었어.

나도 좋은 책을 내는 작가가 될 수 있다는 용기를 준 책에 콩, 책방 도장을 찍었어. 산토리니의 정기가 깃든 책은 좌절할 때마다 나를 버티게 해 줄 거야.

사실 첫 책을 만나기 전까지 나는 나를 사랑할 줄 몰랐어.

'나는 왜 이렇게 능력이 없지?'

'나는 잘 안 될 거야.'

이런 생각을 하면 할수록 자존감은 바닥으로 떨어졌고 전혀 도움이 되지 않았어.

생각을 조금 바꿔 봤어. 나조차 나를 믿어 주지 않는다면 누가 나를 믿어 줄까?

'조금 느린 것뿐이야. 언젠가는 해낼 거야. 나는 나니까.'

'생각해 봐. 지금까지 안 되는 일보다 잘 되는 일이 더 많았어.'

이렇게 스스로에게 이야기하며 나를 토닥였어. 조금씩 자신감이 생기고 자존감도 올라가기 시작했지. 자존감이 올라가다 보니 당당해지는 거야.

나의 첫 책을 벗으로 데리고 떠난 것처럼 나를 감동시키는 여행은 가슴을 설레게 만들어. 그래서 다음에 떠날 여행도 기대하게 돼.

못 다한 이야기

세계의 이색 서점들을 알아볼까?

아틀란티스 서점처럼 전 세계에는 이색 서점들이 많아. 프랑스 파리에 있는 셰익스피어 앤 컴퍼니 서점은 영미권 소설들을 수천 권 넘게 판매하고 있지. 노트르담 성당에서 센강을 건너 뷔쉐리 거리에 위치하는데 수많은 관광객들이 즐겨 찾아. 노트르담 성당에 들렀다가 책 한 권을 살 수 있는 곳이야.

미국 캘리포니아에 있는 바츠 북스토어도 유명해. 이 서점의 특징은 해가 뜨는 시간에 맞춰 영업 시간이 결정되는 야외 서점이란 점이야. 정말 신기하지?

아르헨티나 부에노스 아이레스에 있는 리브레리아 엘 아테네오 서점은 원래 오페라 극장이었어. 그런데 이 오페라 극장이 서점으로 변신했지. 책이 꽂힌 공간이 얼마나 웅장한지 상상해 봐. 피아니스트의 라이브 연주를 들으며 책을 읽을 수도 있어.

그 외에도 영국 런던에 있는 물 위의 서점과 벨기에 브뤼

셀에 있는 레스토랑과 결합된 쿡 앤 북 서점도 있어. 이탈리아 베니스에 있는 서점은 보트, 욕조 등 이곳저곳에 쌓인 책들을 뒤지며 보물 찾듯이 책을 볼 수 있는 곳이야.

내 소원은 여행하면서 이 세계의 서점을 다 돌아보는 일이야. 이제 첫 번째 아틀란티스 서점을 봤으니 다음에는 어떤 서점을 보러 갈까?

내가 나에게 주고 싶은 선물은 뭘까?

가끔 내가 나를 위로해 주고 싶을 때가 있어. 그럴 때 난 여행을 떠나. 어떨 땐 내가 나를 칭찬해 주기도 해. 그 정도면 참 잘했어. 괜찮아, 넌 정말 멋져. 사고 싶었던 물건을 사며 나에게 선물이라고 내밀 때도 있어. 내게 힘을 내라는 편지를 쓰기도 해.

칭찬과 위로! 남에게 듣고 싶고 받고 싶은 것만은 아닌 것 같아. 나를 나만큼 잘 아는 사람이 누구일까? 난 이번 여행에서 나를 위해 특별한 이벤트를 준비했지. 그 이벤트로 여행 내내 즐겁고 내가 그냥 참 좋았어. 넌 너에게 주고 싶은 선물 없어? 널 위해 준비하고픈 특별한 이벤트 말이야. 만약 없다면 지금부터 생각해 봐.

내가 나 자신을 위해 어떤 선물을 준비할지 말이야.

신화는 어떻게 탄생되는가?

– 박혜선

중학교 때였어. 어느 날 국어 선생님이 숙제를 내 주셨어. 자기가 사는 마을에 전해 내려오는 이야기를 한 편씩 조사해 오라는 거야. 마을 어르신들을 찾아가 듣고 녹음해 와도 좋다고 했어. 나무나 바위, 다리나 지명에 얽힌 이야기면 더 좋다고. 놀기를 밥 먹듯 했으니 숙제를 할 턱이 없었지.

드디어 숙제 검사하는 날이 돌아왔고 발등에 떨어진 불이라도 꺼야겠다 싶어 이야기를 꾸며 썼지. 숙제 안 하는 아이가 되고 싶진 않았거든. 게다가 내가 좋아하는 선생님이었고 잘 보이고 싶었으니까.

여름이면 동네 아이들이 멱을 감는 냇가가 있었어. 산허리를 휘감아 도는데 그 가운데 커다란 바위가 있었어. 거긴 물이 아주 깊었지. 수영을 잘하는 아이들은 그 바위에 올라가 다이빙을 했어.

풍덩풍덩! 아이들이 뛰어내릴 때마다 물보라가 햇살에 반짝이는 것도 좋았지만, 물속에서 불쑥 머리가 올라오는 순간을 지켜볼 때의 짜릿함은 며칠이 지나도 가시질 않았지.

장마가 끝날 무렵이면 누군가 물살에 휩쓸려 죽었다는 소문이 돌았어. 어른들은 매번 같은 자리에서 사람이 죽어 나가는 건 그 바위가 물귀신이 사는 바위라서 그렇다며 겁을 주었지. '방구뱅이', 우리 동네에선 물귀신 붙은 바위를 이렇게 불렀어.

일단 그 바위를 주인공으로 해서 여기저기서 들은 이야기를 버무려 '방구뱅이 전설'을 만들었어. 숙제를 해야 한다는 절박함은 쉬는 시간 10분 만에 써낸 이야기에 절절함을 보태 주었지. 내 글을 읽은 선생님은 내 손을 덥석 잡았어.

"선생님이랑 그 방구뱅이에 함께 가 보자. 이 이야긴 선생님도 처음 듣는 이야기라 자료로도 의미가 있을 거야."

맙소사! 그 뒤는 상상에 맡길게. 무엇을 상상하든 상상한

대로였을 거야.

  신들의 나라 그리스는 이야기의 나라야. 돌덩이 하나에도 이야기가 줄줄 따라붙어. 돌덩이 옆에 있는 언덕은 신이 뒹굴던 곳이고 그 옆에 서 있는 나무는 신이 심은 나무라고 할 정도지.

  파르테논 신전에 가면 신전의 주인 아테나가 심었다는 올리브나무가 한 그루 있어. 딱 봐도 아담하고 작은 나무인데 '아테나가 심은 나무라고?' 의심하면서도 그렇다니까 그런 거겠지 하며 고개를 끄덕이게 되는 곳이 바로 그리스야. 번개가 치면 제우스가 왔나 보다, 거미줄이 있으면 거미로 변신한 아라크네가 베를 짰구나. 눈에 보이고 손에 잡히는 모든 것이 이야기로 이어지지. 샘이 보이면 샘물에 자기 얼굴을 비춰 보던 나르키소스가 생각나고, 수선화를 보면 나르키소스가 죽어 피어난 꽃이 생각나는 마법.

"혹시 저건 판도라의 상자?"

그리스에 오면 길옆에 버려진 종이 상자를 만나도 신화를 떠올리고 나무 한 그루, 풀 한 포기도 다 사연이 있는 것처럼 느껴져.

상상력은 이야기를 만들지. 그리스 사람들은 상상하는 걸 좋아했어. 상상력은 사실 내가 사는 곳에서부터 출발해. 그러니 돌산을 보고 자란 그리스 사람들에게 돌산 꼭대기에 신들의 집이 있다고 생각하는 건 당연해.

우리나라 옛이야기에 '나무꾼과 선녀'나 '금도끼 은도끼'가 있지. 산에 가서 나무를 해다 파는 나무꾼이라는 직업은 우리나라처럼 울창한 숲을 가진 나라에서는 흔한 직업이겠지. 그리스 돌산에서 나무꾼으로 살아가는 사람이 있다가는 굶어 죽기 딱 좋을 거야. 그러니 나무가 많은 우리나라에서 나무꾼이 나오는 이야기가 많다면 돌이 흔한 그리스에서는 종일 바윗덩어리를 굴려 산꼭대기를 오르는 시지포스 같은 신화가 나올 수밖에 없겠지. 세상 수많은 이야기들이 다 꾸며 낸 것은 아니야. 내가 사는 곳에서 일어났던 이야기, 내가 아

는 누군가의 이야기이기도 하지. 그래서 신들의 이야기지만 인간 같은 신들이 나오고, 만들어 낸 이야기지만 역사의 한 토막이 그대로 재현되기도 하는 거야.

 그리스 신들을 보면 애정 결핍 신도 있고 분노 조절 신도 있어. 사랑에 눈이 먼 질투의 화신도 있고 힘자랑 끝판 신도 있지. 모든 게 완벽할 줄 알았

던 신들 또한 실수하고 자기 자식을 죽게 만들고 사랑하는 사람을 배신하고……. 인간과 다르지 않아.

어릴 때부터 이야기를 좋아했던 나는 겨울밤이면 할머니를 졸랐지. 밤은 길고 잠은 오지 않으니 옛날이야기를 자장가처럼 들으며 잠들곤 했어. 어쩌면 옛날 옛날로 시작되는 모든 이야기는 겨울밤에 탄생되지 않았을까.

할머니의 이야기는 곧 바닥이 났고 밤마다 조르는 날 위해 할머니는 지어내서라도 들려줘야 했어. 어제 이야기에 나왔던 마음씨 착한 농부가 오늘은 나무꾼이 되었다가 내일은 장사꾼이 되고 다음 날은 고을 사또로 변신했지. 또 구렁이는 여우로 변했다가 어느 순간 호랑이로 변해 있었어.

비슷한 것 같은데 다르고 다른 것 같은데 또 비슷한 할머니의 이야기는 그렇게 덧붙이고 빼고 합쳐지며 밤마다 새로운 이야기가 되었지.

없는 것을 있게 하는 상상력, 그리스인들의 상상력은 수많은 신들의 이야기를 만들어 냈어. 그들은 왜 이야기에 집착했을까?

그리스에서 처음 들었던 생각은 척박하다는 느낌이었어.

공항을 벗어난 순간부터 희뿌연 잿빛 산이 이어졌지. 우리나라의 여름 산과 비교하면 그리스의 산은 낯설고 삭막해 보였어. 어딜 보나 어딜 가나 있는 석회암 산 때문이었지.

국토의 대부분이 석회암 산인 그리스는 아름드리나무를 키우는 데 물이 부족한 곳이지. 곡식이 자랄 만한 기름진 땅도 없으니 그리스 사람들의 삶은 늘 허기진 삶이었어. 그나마 척박한 땅에 뿌리내리고 사는 올리브나무가 고맙고 포도넝쿨이 기특했을 거야.(그리스 신화에 올리브나무와 포도주가 자주 등장하는 것 또한 이런 마음이지 않을까.) 척박한 돌산을 견디는 염소가 고맙고 소가 감사할 따름이었지.

"그리스 문명은 배고픔을 먹고 자란다."고 말한 헤로도토스의 말처럼 돌산을 일구며 살아가는 그리스 사람들에게 상상력으로 빚어낸 신화와 연극과 시는 풍요로움을 선물했어. 그것이 곧 결핍을 극복하는 힘이 되어 빛나는 그리스 문화를 일궈 낸 거야. 그리고 지금, 내가 그리스에 와 있는 이유이기도 하지.

못 다한 이야기

왜 동서양의 이야기는 비슷할까?

유럽의 옛날이야기 '신데렐라'와 우리나라의 옛날이야기 '콩쥐팥쥐'를 읽으며 고개를 갸웃거린 적이 있어. 이름만 다를 뿐 이야기의 구조가 정말 비슷했어. 둘 다 계모가 등장하고 누군가의 도움으로 무도회와 잔치에 가고 둘은 똑같이 신발 한 짝을 잃어버리지. 유리 구두와 꽃신, 두 주인공은 잃어버린 신발 덕분에 새로운 사람을 만나 인생 대역전의 삶을 살게 돼.

고구려의 주몽 신화와 그리스 신화에 등장하는 아이게우스의 이야기도 비슷한 장면이 있어. 주몽은 고구려로 떠나며 부인에게 이렇게 말해.

"칠각형 돌 위에 있는 소나무 밑에 징표를 숨겨 놓았소. 아이가 커서 그 징표를 들고 나를 찾아오면 내 아들이라 여길 것이오."

그 징표는 부러진 칼이었고 유리 왕자는 그 칼을 찾아 고구려의 왕이 되었지.

아테네의 왕 아이게우스는 신탁을 받고 돌아오는 길에 트로이젠의 공주와 사랑에 빠져 여러 날을 보내지. 그리고 아테네로 돌아가며 공주에게 말해.

"만약 아들이 태어나 아버지가 누구냐고 묻는다면 돌 밑에 신표를 숨겨 두었으니 그걸 들고 나를 찾아오라 하시오."

그 신표 또한 다름 아닌 칼과 신발이었고 그 칼 덕분에 아들 테세우스는 아테네의 왕이 돼. 서로 의논해서 이야기를 쓴 것도 아닐 텐데 정말 비슷하지?

결론은 상상력이야. 그리고 인간이 만들어 낸 새로운 세계는 인간의 삶에서 출발하지. 삶이라는 게 동양이든 서양이든 비슷하잖아. 해가 뜨면 일어나고 밥 먹고 일하고 잠자고……. 동서양의 이야기가 닮은 건 사람들의 일이고 그 일이라는 게 사람답게 사는 일일 테지. 지친 삶을 위로하고 행복해지고 싶은 마음, 그런 삶을 꿈꾸고 바라는 마음이 이야기로 완성되지 않았을까.

미리 쓰는 자서전

나는 미래의 내 모습을 자주 상상했어.
나는 어떻게 변해 있을까? 무슨 일을 하며 살아갈까? 결혼은 했을까 안 했을까? 혼자 먼 미래의 나를 떠올리며 실실 웃기도 하고 두렵기도 하고 괜히 얼굴이 달아올라 이불 속에서 꺅 소리도 질러 보고……. 그러다 늙고 병든 내 모습을 떠올리며 조금은 슬퍼지기도 했지.
네가 꿈꾸는 너의 미래는 어떤 모습이니? 그 이야기를 써 보는 거야.
내가 쓴 나, ○○○의 신화.
너희들 모두의 삶이 신나고 멋지길, 그리고 매일매일 행복한 삶이길 진심으로 응원할게.

빛이 필요한 순간

― 이묘신

차는 칼람바카로 향했어. 도로 옆으로 그리스의 척박한 땅이 계속되었지. 저 멀리 눈앞에 높고 웅장한 바위산이 보였어. 메테오라가 가까워진 거야. 우뚝우뚝 선 커다란 바위들

칼람바카
마을의 바위산

은 하늘과 맞닿아 있었어. 메테오라의 기운이 멀리서도 느껴졌어.

저 높은 절벽 위에 정말 수도원이 있을까? 보고도 믿기지 않았어. 수도사들도 신에게 더 가까이 다가가고 싶었던 걸까? 저곳에 수도원을 짓던 그들의 마음은 무엇일까? 내 머릿속에는 물음표가 점점 늘어났어.

칼람바카 마을에 있는 숙소에 도착했어. 숙소 맞은편에도 바위산이 있었어. 떡 버티고 선 바위들이 마치 마을을 지키는 군사들처럼 보였지.

무슨 이유인지 모르겠지만 새벽에 눈을 떴어. 다시 자려고 했지만 잠이 오지 않았지. 그래서 조심조심 밖으로 나왔어. 공기는 차가웠고 서늘한 기운마저 감돌았지. 집들은 집들대로, 나무는 나무대로 그림자가 있었어. 저 멀리 산의 형체가 선명하게 그대로 드러났어.

'아직 동이 트려면 멀었

는데 왜 이렇게 밝은 거지?'

하늘을 올려다보았어. 아! 어쩜 이럴 수 있을까.

보름달도 아닌데 달빛은 눈부셨어. 거기다 별들은 또 얼마나 황홀하게 반짝이는지. 그 빛이 내 몸으로 스며드는 듯했어. 마음속에 무언가가 꽉 차오르는 느낌이 들었지.

나는 왜 그 새벽에 눈을 번쩍 떴을까? 그리고 왜 이 빛을 올려다보고 있는 걸까? 무엇이 나를 이끌어 이곳에 서 있게 만들었을까? 운명 같은 느낌이었어. 어쩌면 여기가 신성한 수도원이 있는 메테오라여서 그랬는지도 몰라.

누구에게든 유난히 빛이 필요한 순간이 있어. 어둡고 힘든 시간을 거두어 가고 고요함과 평온함을 가져다줄 빛! 그 빛을 향해 나아가는 것이 바로 종교라고 할 수 있을 거야.

아픔 앞에서, 풀리지 않는 문제 앞에서, 어려움 앞에서 우린 간절히 빌고 싶을 때가 있지. 그러면 누군가 꼭 해결해 줄 것만 같잖아.

마음이 아주 고요해졌어. 그때 난 왜 가족이 떠올랐을까? 이런 평온함과 고요함을 나눠 주고 싶은 생각이 들었어.

아침이 밝아 오며 빛은 서서히 사라져 갔어. 하지만 어두

메테오라 수도원으로 오르는 길

운 밤이 오면 별과 달은 다시 빛날 것을 우리는 알고 있잖아. 마음이 고요하기를 원할 때마다 메테오라의 새벽하늘을 떠올리게 될 거야.

  아침을 먹고 바로 수도원으로 달렸어. 가장 아름다운 수도원이라는 발람 수도원을 둘러보고 대 메테오라 수도원으로 발길을 돌렸어. 꼬불꼬불 산꼭대기로 오르는 길은 가파르고

좁았어. 공중에 떠 있는 수도원이라는 이름처럼 메테오라 수도원은 절벽 꼭대기에 지어져 있어. 세상과 단절된 곳에서 수도사들은 종교 생활에만 정진할 수 있었을 거야.

 멀리 수도원을 오르는 사람들의 모습이 보였어. 계단을 오르는 사람들의 행렬이 이어졌어. 눈길을 돌려 보니 물건을 나르는 케이블카가 계속 움직이고 있었지. 예전에는 계단이 없었으니 저 케이블카가 바깥세상을 연결시켜 주는 유일한 통로였던 거야. 길이 없어 밧줄과 사다리로 오르내렸다는 생각을 하니 갑자기 현기증이 났어.

좁은 돌계단을 오르기 시작했어. 수많은 계단을 오르고 또 오르는 것이 마치 수행하는 것 같았어.

수도원에 다다르자 하늘과 더 가까워졌어. 수도원은 조용했어. 정원은 잘 가꾸어져 있었지. 전망대에서는 멀리까지 보였어. 탁 트인 눈앞의 풍경이 시원스럽게 보였어.

붉은 지붕의 칼람바카 마을은 아주 평화로워 보였지. 마을 뒷산 수도원에서 늘 남을 위해 기도하는 수도사들이 지켜 줄 거란 생각 때문이었을까. 의자에 앉아 잠시나마 평화로움을 누렸어.

"어? 저게 뭐지?"

수도원에서 내려오는 길, 무언가 눈에 띄었어. 동굴처럼 보이는 곳의 바위 구멍마다 꽂힌 하얀 종이들! 그것은 소원을 적은 쪽지들이었지. 바위 구멍마다 수많은 사람들의 간절함이 들어 있었어. 손이 닿을 것 같지 않은 곳까지 종이는 꽂혀 있었지.

세계 각지에서 온 사람들이 쓴 소원! 저기에 쓰인 소원들은 무엇일까? 그 소원들은 다 이루어질 수 있을까?

어머! 소원 종이가 바닥에 떨어져 있었어. 누군가의 소원이 들어 있는 종이를 얼른 주워 다시 자리를 찾아 주었어. 그리고 슬쩍 내 소원도 적었어. 소원 종이가 떨어질세라 나는 더 꽉꽉 끼워 넣었지. 떨어질까 봐 걱정하지는 않기로 했어. 누군가 나처럼 소원 종이의 자리를 찾아 줄 거라 믿으니까 말이야.

한 발 한 발 돌계단을 내려오며 생각했어. 수많은 사람들이 돌산 꼭대기의 수도원을 찾는 것은 그 신비한 풍경 때문이 아니라 이곳을 만들어 낸 사람들의 간절한 마음을 느끼고 싶었기 때문일 거라고. 또 되돌아가며 자신에게 간절한 것이 무엇인지 깨닫는 소중한 시간이 되었을 거라고.

지금 내게 간절한 것은 무엇일까?

못 다한 이야기

대 메테오라 수도원은 어떤 곳일까?

유네스코 세계 복합 유산으로 지정된 메테오라는 신비롭고 경이로운 풍경에 보는 사람들마다 입을 다물지 못해. 메테오라에는 수도원이 5개, 수녀원이 1개가 있어. 그중 가장 크고 가장 오래된 수도원은 바로 대 메테오라 수도원이야.

높은 절벽 위 수도원에서 종교 생활을 하던 수도사들은 어떻게 살았을

까? 수도원 내부로 들어서면 수도사들의 생활을 엿볼 수 있어. 수도사들이 쓰던 도구들과 부엌살림으로 쓰던 그릇들은 아주 소박했어. 입었던 옷 역시 그랬지. 벽면에 장식된 성화를 보거나 수도원의 역사를 담은 사진도 볼 수 있어. 무엇보다도 이곳에는 유골들을 모아 놓은 곳이 있어. 이곳에 머물며 수도 생활을 하다 생을 마감한 분들의 유골이야. 안락함을 버리고 종교 생활을 택한 수도사들의 마음이 떠올라 나도 모르게 경건해졌어.

나는 하늘을 몇 번이나 올려다봤을까?

나는 늘 바쁘다는 말을 입에 달고 살아. 그래서 하늘을 올려다볼 생각조차 하지 못해.
너는 어때? 학교, 학원, 집을 오가며 가끔 하늘을 올려다보니?
늦은 밤, 학원에서 돌아오다 보면 몹시 지쳐 있을 거야. 그래서 그냥 집으로 들어가겠지. 이제는 지치고 힘들 때 하늘을 올려다봐. 별과 달과 눈을 맞추다 보면 마음의 여유가 찾아올 거야.

파도가 전하는 말

― 박혜선

수니온 대리석 절벽 위에 나를 놓아 주오.
파도와 나뿐 아무것도 없으니
우리의 속삭임을 들을 수 있는 그곳에서
나, 백조처럼 노래 부르며 죽게 해 주오.

신타그마 광장 정류장에서 수니온 곶으로 가는 버스를 탔어. 수니온에는 포세이돈의 신전이 있지. 영국 시인 바이런

포세이돈 신전

은 '수니온 가는 길'이라는 시에서 포세이돈 신전을 보며 이렇게 읊었어. 삶이 곧 여행이었던 바이런은 그리스를 여행하면서 그리스에 푹 빠진 시인이기도 해.

당시 그리스는 터키(오스만 제국)의 지배에서 벗어나기 위해 몸부림치고 있었지. 바이런은 그리스의 독립운동에 뛰어들었고 끝내 그리스 메솔롱기온에서 1824년 죽음을 맞이하게 돼. 그리스 사람들은 바이런의 시신은 영국 땅에 묻혔지만 그의 심장은 그리스에 남아 지금도 뛰고 있다고 믿고 있지. 그리스인보다 더 그리스를 사랑한 시인 바이런이 낯선 땅에서 목숨 바쳐 지키려고 했던 건 무엇이었을까.

바이런이 사랑한 수니온 가는 길을 지금 내가 달리고 있어. 아테네에서 수니온 가는 길은 산을 넘는 길과 바다를 끼고 도는 길이 있지. 그리스의 햇빛을, 바다를, 파도를 사랑한 바이런은 산길보다는 해안가 길을 택했을 테지.

오후 2시의 태양은 뜨거웠어. 두 시간을 바다와 함께 달렸어. 해안선이 휘어져 들어간 곳마다 작은 모래밭이 보였어. 그곳에서 에게해를 보며 바다를 즐기는 사람들, 파라솔 아래 의자에 앉아 책을 읽는 사람도 보였지.

멀리 언덕이 보였어. 그 끝에 하늘과 닿을 듯 우뚝 솟은 돌기둥, 바로 포세이돈 신전이야.

도시의 수호신으로 아테나 여신을 선택한 아테네 사람들이 경쟁자였던 포세이돈을 위로하기 위해 이곳에 신전을 세웠다고 해. 도시마다 세워진 신들의 집은 그 도시의 가장 경치 좋은 곳에 있었지. 아크로폴리스의 파르테논 신전도 마찬가지야.

파르테논 신전은 세계 문화유산 제1호답게 밤낮으로 웅장하고 찬란하고 아름다웠어. 그만큼 찾아오는 사람들이 많아 북적거리고 소란스럽고 정신없는 곳이기도 했지. 아테나에 밀려 여기 수니온에 세워진 포세이돈 신전, 문득 밀려나길 잘했다는 생각이 들었어.

세상 바람이 다 이곳으로 몰려온 것처럼 바람이 많은 곳, 세상의 빛을 다 모아 놓은 듯 하늘과 바다는 강렬한 푸른빛으로 눈부셨지. 수천 년 동안 절벽 위에서 지는 해를 보고 파도 소리를 듣고 오가는 사람들을 맞이했을 이 돌기둥 앞에서 나는 왜 뭉클해지는 걸까?

절벽 위에 서고서야 그 뭉클함이 무엇인지 알았어.

그리스의 남쪽 땅끝 수니온, 수직으로 깎아내린 절벽 아래 하얀 거품을 내며 파도가 부서지고 있었지. 문득 바이런의 목소리가 스쳐 갔어.

수니온 대리석 절벽 위에 나를 놓아 주오.

그곳에 서면 모든 것의 끝이 보여. 땅끝 수니온 언덕과 가파른 절벽, 절벽을 무수히 때리는 파도. 더 이상 갈 곳이 없

어 파도가 부딪치고 마는 이곳에서 바이런은 깨달았겠지.

수니온 절벽은 부서진 파도가 다시 힘을 내서 돌아서는 곳이라는 걸. 방향을 바꿨을 뿐 여전히 물길을 내며 나아가고 있다는 파도의 속삭임을 들었을 거야.

우리는 얼마나 많은 끝을 보고 끝이라는 말을 하며 좌절하고 절망했을까? 훗날 터키의 지배에서 신음하는 그리스의 끝을 보며 바이런은 수니온 절벽을 치던 파도를 떠올렸을지도 몰라. 그리고 그리스의 새로운 출발을 위해 스스로 파도가 되지 않았을까?

아테네 하드리아누스의 문을 지나 제우스 신전으로 가는 도로 가운데 아테나 여신의 동상이 있어. 자세히 보면 아테나 여신이 손에 펜을 들고 있는 바이런을 안고 있어. 바이런은 소원대로 아테나 여신과 함께 그리스 사람들의 사랑을 받으며 그리스를 지키고 있지.

포세이돈 신전을 수니온에 세워 둔 아테네 시민들에게 고마울 뿐이야. 수니온을 찾는 많은 사람들이 절벽의 파도를 만났으면 좋겠어. 파도 소리를 들으며 끝은 다시 시작이라는 걸 느끼며 돌아갔으면 참 좋겠어.

못 다한 이야기

그리스의 독립 전쟁

오스만 제국의 지배를 받던 그리스 사람들은 1821년 독립을 위해 오스만 제국에 맞서 싸웠어. 그리스에서의 전쟁은 사람들의 생명뿐만 아니라 고대 그리스 문화가 처참하게 짓밟히고 인류 역사의 한 기둥이 사라진다는 의미였지. 그리스의 독립은 그리스뿐만 아니라 그리스 문화를 사랑한 유럽의 여러 나라 사람들에게도 간절한 희망이었지. 그래서 뜻있는 사람들은 전쟁 자금이나 무기와 선박을 보내고 직접 군대를 이끌고 전쟁에 뛰어들기도 했어.

영국의 역사가인 토머스 고든은 그리스 독립 전쟁을 세계에 알렸고 프랑스의 화가인 장 샤를 랑클루아는 그림으로 그리스 독립을 응원했어. 유럽의 여러 나라는 그리스를 지키기 위해 힘을 모았지.

그리스 독립 전쟁을 다룬 외젠 들라크루아의
'이단자와 파샤의 전투'

마침내 1832년 그리스는 독립을 맞이하게 되었고 루드비히 1세의 아들인 오토 1세가 독립된 그리스의 첫 왕이 되었어.

독립! 언제 들어도 가슴 뭉클한 말이야. 처음부터 있는 그대로 가진 것을 지키며 살았다면, 탐내고 빼앗는 일 없이 평화롭게 살았다면 전쟁은 없겠지.

누군가를 위해 눈물을 흘린 적 있니?

텔레비전 프로그램을 보다가 눈물을 흘린 적이 있어. 사람들에게 버려지고 괴롭힘을 당해 죽어 가는 동물들을 보며 미안해서 울었어.

눈물. 눈물은 어쩌면 남의 아픔이 내게로 전해지는 길이 되기도 해. 그래서 눈물 앞에 숙연해지고 뭉클해지고 한편으론 마음이 후련해지는지도 몰라. 함께 아픔을 공유하고 걱정하고 마음을 나눌 때 흐르는 눈물은 '함께'이기 때문에 더 큰 위로가 되고 힘이 되지.

누군가를 위해 눈물을 흘린 적 있니? 그것은 마음을 나눌 친구를 얻는 일이기도 해.

그곳이 옳았다, 나프폴리오

— 이묘신

어릴 때 방학 때가 되면 숙제보다 먼저 해야 할 게 있어. 바로 계획표를 짜서 내는 일이었지. 한 번도 계획표대로 생활한 적이 없는데도 방학 때마다 계획표를 짰어.

자고 일어나 세수하고, 아침 먹고 숙제하고, 점심 먹고 공부하고 놀고, 저녁 먹고 일기 쓰고 잠자는 것까지 방학 때마다 늘 비슷했어. 하지만 계획표대로 한 적은 없었지.

30분을 노는 시간으로 정해 놓고 정말 30분밖에 놀지 않았을까? 아니야. 들로 산으로 뛰어다니다 보면 2시간도 더 놀았어. 숙제하다가 멍하게 있기 일쑤였고, 일기를 쓰다가도 누워서 뒹굴뒹굴했어. 그러다가 문득 나는 뭘 하는 걸까 후

회했어. 하지만 뒹굴거리고 멍때리던 시간이 정말 의미 없는 시간이었을까? 나는 나프폴리오에서 그게 아니라는 걸 깨달았어.

그리스 여행에서 계획 없이 하루를 비워 두었어. 주어진 하루를 어떻게 쓸까 망설이는데 그리스 현지인들이 나프폴리오를 추천해 줬어. 그리스의 나폴리로 불리는 아름다운 도시라는 말을 듣고 떠났지.

나프폴리오의 첫인상은 깔끔했어. 골목이 많아 정겹기도 했지. 골목 귀퉁이에는 예쁜 그릇을 파는 가게도 있었고 엽

골목길에 숨겨진 예쁜 기념품 가게

서와 달력을 파는 가게도 있었어. 골목에 취해 어슬렁거리며 다니다 기념품을 샀어. 분홍 부겐벨리아 꽃들은 등불처럼 골목을 환히 비춰 주었지. 몇 시간 만에 골목을 훤히 읽을 수 있게 되었고 늘 다니던 동네처럼 친근했어.

  이르게 저녁을 먹고 나와 멀리 성처럼 보이는 곳으로 올라갔어. 팔라미디 요새였어. 문이 닫혀 안은 구경할 수 없었지만 해가 지는 나프폴리오를 한눈에 볼 수 있었지. 붉은 지붕과 초록 나무들이 잘 어울렸어.

  요새로 오를 때 보았던 해변을 찾아 차를 타고 어둑한 길을 따라 내려갔어. 구불구불 길을 따라가다 보니 더 이상 갈 수 없었어. 길은 막혀 있었지. 혹시 낭떠러지로 떨어지는 것

골목마다 환하게 비춰 준 부겐벨리아 꽃

은 아닐지 운전대를 잡은 손이 떨렸어. 어쩔 수 없어 차를 돌릴 수밖에 없었지. 천천히 가다 보니 모래사장이 나왔어.

늦은 저녁이라 아무도 없었어. 빛이 사라진 바닷가! 사방을 둘러봐도 어둠뿐이었어. 태초가 이러했을까? 고요하고 신비로웠어. 그 바다를 그냥 바라만 보고 있을 수가 없어서 뛰어들었지. 지상 낙원은 먼 곳에 있는 것이 아니라는 걸 지중해에 뛰어들며 알았어.

어둠 속에서 첨벙거리는 소리만 들렸지. 저 멀리 달빛에 물결이 일렁였어. 물속에서 첨벙거린 것뿐이었는데도 그 순간이 영화 속 장면처럼 특별했어.

아침에 눈을 떴는데 다시 바다에 가 보고 싶었어. 한밤중에 뛰어들었던 바다가 어떤 곳이었는지 너무 궁금했어. 그곳에 가 보니 밤이라 보지 못했던 보라색 꽃들이 지천이었어. 바닷물은 맑고 잔잔했어.

걸어도 걸어도 아름다운 풍경이 펼쳐졌지. 걷다가 멈추어 바다를 보면 물고기들이 헤엄치는 게 다 보였어. 멀리 눈길을 돌리면 푸른 바다와 하늘로 마음까지 온통 푸르러졌지. 이렇게 자연과 하나 되어 보내는 동안 무거웠던 머리는 가벼

워지고 마음도 홀가분해졌어.

  그리스에서 돌아왔을 때 사람들이 물었어. 어디가 가장 좋았느냐고. 내 입에서 나프폴리오가 나올 줄은 상상도 못 했어. 아테네, 산토리니, 크레타, 코린토스……. 그 많은 지명들을 제치고 나도 모르게 튀어나온 나프폴리오! 거기가 어디인지 처음 듣는 표정으로 사람들은 또 물었어.

"거기서 뭘 했는데?"

"그냥 물놀이했어."

모두 어이없어했어.

아름다운 야경의 나프폴리오

지금까지 많은 곳을 여행했어. 그리스 여행을 오기 전에 최고의 여행지는 러시아였어. 러시아 여행 때도 생판 모르는 남의 결혼식에 가게 되었지. 축하객이 되어 무슨 말인지도 모르고 우라우라를 함께 외쳤어. 나중에 알았지만 러시아어로 '우라'는 만세야. 계획에 없던 일이라 더 새롭고 오래오래 기억에 남는 것 같아.

그리스의 유적지와 역사, 위인들을 만나는 여행도 나름대로 의미 있고 좋아. 하지만 그런 시간 속에 불쑥 끼어든 나프폴리오는 여행을 더 재미있고 행복하게 만들어 주었어. 계획에 없던 것이 툭 치고 들어오는 것! 그것이 어쩌면 여행이 주는 재미가 아닐까.

'그래, 나프폴리오! 그곳은 옳았다.'

난 속으로 외치며 느릿느릿 나프폴리오를 떠났어.

 **못 다한 이야기**

나프폴리오는 어떤 도시일까?

그리스의 수도는 어디야? 아테네라고? 맞았어.

그런데 아테네가 새로운 수도가 되기 전까지 그리스의 수도는 나프폴리오였어.

그리스의 베네치아라고 하는 나프폴리오는 펠로폰네소스 반도에 있어. 포세이돈의 아들 나프폴리오스가 세운 항구라고 해. 왜 도시 이름이 나프폴리오가 되었는지 짐작할 수 있을 거야.

나프폴리오에는 세 개의 요새가 있어. 팔라미디 요새, 브르치 요새, 아크로나프폴리아 요새야. 팔라미디 요새에서는 나프폴리오를 다 내려다볼 수 있어. 최고의 전망대라 할 수 있지. 베네치아인들이 바다에 건축한 요새도 있어. 바로 부르치 요새인데 배를 타고 들어가야 해. 원래는 성당이었는데 요새로 사용되었대.

나프폴리오는 수도다운 화려함은 없지만 낭만적이야. 무엇보다 마음이 오래오래 머물 수 있는 곳이지.

 **나에게 묻기**

여유로운 삶은 어떻게 찾아올까?

시험 문제를 다 풀지도 못했는데 시간이 끝나 가면 손에서 땀이 나지. 문방구에 새 물건이 들어왔는데 그걸 사기 위해 줄을 선 아이들, 그 줄 끝에 내가 있다면 얼마나 조마조마할까?
그때 이렇게 말해 봐. 하쿠나 마타타!
디즈니 영화 『라이온 킹』에서도 나온 유명한 대사, 하쿠나 마타타! 이렇게 말하고 나면 어느새 마음이 편안해지고 초조함이 어디론가 사라져 버려. '괜찮아, 다 잘될 거야.' 라는 말은 조급함이나 두려움도 한 방에 날려 버리지. 그리고 마음의 여유를 찾게 돼.
지금 네 옆에 사랑에 빠진 친구가 있어. 어떻게 고백할까? 고백하다 차이면 어떻게 하지? 이렇게 걱정하는 친구에게 이 말을 꼭 해 줘.
하쿠나 마타타!

지금, 나는 자유다

– 박혜선

'나는 그를 피레우스 항구에서 처음 만났다.'

니코스 카잔차키스의 소설 『그리스인 조르바』는 이렇게 시작돼.

'그때 항구에서 크레타섬으로 가는 배를 기다리고 있었다.'

나 또한 소설 속 주인공처럼 크레타섬으로 가는 배를 기다리고 있었어.

소설 속 '나'는 비 내리는 겨울 아침이었고 소설 밖 나는 후덥지근한 여름밤 크레타섬으로 가는 배를 탔어.

자고 일어나니 크레타섬의 이라클리온 항구였어. 짐을 끌고 계단을 오르고 골목을 한참 걸어 숙소에 도착했어. 넓고

깨끗한 집, 식탁은 열 명이 둘러앉아 먹어도 될 만큼 넉넉했고 수납장마다 그릇이 가득했어.

"아 좋다."

침대로 풍덩 뛰어들었어. 이불에서 뽀송뽀송한 햇빛 냄새가 났어.

"정말 좋다."

달팽이처럼 배밀이를 하며 발을 통탕거렸지.

한국에서부터 싸 들고 온 반찬들로 푸짐한 밥상을 차렸어. 빠듯한 스케줄은 아니었지만 그리스에 있는 동안 열심히 돌아다녔어. 하나라도 더 보고 싶어 욕심을 낸 거야. 그런데 크레타섬에서만큼은 그러고 싶지 않았어. 그냥 하고 싶은 대로 보내고 싶었지.

점심때가 다 되어 버스를 타고 미노소스 궁전으로 갔어. 사이프러스 나무가 군데군데 서 있었지. 느릿

헤라클리온 고고학 박물관의 황소 조각상

느릿 궁전을 살펴보다가 나무 그늘이 보이면 쉬었어.

"이제 니코스 카잔차키스를 만나러 가 볼까?"

오래전 알고 지내던 친구의 집을 방문하듯 설레는 마음으로 그의 무덤을 찾아갔지. 어제 들렀던 코린토스 기념품 가게에서 흘러나오던 조르바의 산투르 소리를 흥얼거렸어.

따단 따단 따라라란 따단 따단 따라라란…….

'그리스인 조르바'가 영화로 만들어졌을 때 해변에서 춤추는 장면에 흘러나오던 음악이야. 산투르는 '100개의 현'이라는 뜻을 가진 이란의 전통 악기야. 100개의 현이 내는 소리라니! 소설에서 산투르 소리를 처음 듣던 조르바의 모습이 떠올랐어.

올림포스 산마을에서 처음으로 산투르 소리를 듣던 날 조르바는 충격으로 며칠 동안 밥을 먹지 못했지. 산투르 소리는 살아 있는 짐승의 소리 같았고 살아 있는 것들에겐 자유가 있다고 했어. 그러니까 조르바에게 산투르 소리는 자유의 속삭임 같은 것이었지. 앓아 누운 조르바에게 아버지가 걱정스럽게 물었지.

"어디가 아파서 그러느냐?"

"저는 산투르가 배우고 싶습니다."

그 말은 '저는 자유를 갖고 싶습니다.'였지. 그렇게 조르바는 죽는 날까지 산투르와 함께했지.

조르바에게 산투르가 분신이었다면 작가 니코스 카잔차키스에겐 소설 속 조르바가 그런 인물이었지.

따단 따단 따라라란 따단 따단 따라라란…….

드디어 무덤에 도착했어. 바다가 보이는 언덕 위 작은 무덤, 사람들은 나무 십자가가 서 있는 무덤 앞에서 자기들만의 방법으로 니코스 카잔차키스를 떠올리지. 영화에서처럼 춤추거나 그의 책 한 소절을 읊거나

꽃을 놓아두기도 했지. 우린 가만히 그의 묘비명을 읽었어.
(그리스어를 모르니 외운 걸 되뇌었지.)

나는 아무것도 바라지 않는다

나는 아무것도 두렵지 않다

나는 자유다.

카잔차키스가 조르바를 통해 보여 준 자유, 자유를 방해하는 건 두려움이라고 했어. 두려움은 뭘까? 일어나지도 않은 내일에 대한 걱정 같은 것들. 조르바는 두려움을 정직하게 바라보라고 했어. 그러면 두려움이 사라지고 그 자리에 자유가 들어온다고.

나는 중학교를 멀리 다녔어. 내가 다니던 초등학교에서 같은 중학교에 배정받은 친구가 몇 명밖에 되지 않았지. 새 학기 첫날, 버스에서 내려 교실 문을 열기까지 머릿속은 걱정으로 꽉 찼어. 화장실에 같이 갈 친구는 생길까? 무서운 선생님이면 어쩌지? 왕따 당하면 어쩌지? 일어나지도 않을 일을 만들어 혼자 마음 졸였지. 그때 조르바를 알았더라면 좋았을 텐데.

크레타섬에서 나는 내게 주문을 걸었어. 나는 자유롭다, 나는 자유롭다, 내 마음이 시키는 대로 할 거다. 그래서 다 늦은 저녁에 바다에서 수영을 하기로 했어. 길을 걷다가 택시를 타고 다시 달렸어.

"저기 내려 주세요."

그냥 내리고 싶은 곳에 내려 지칠 때까지 놀았어.

'그냥!'

크레타섬에서 가장 많이 했던 말인 것 같아. 그냥 그렇게 보낸 시간이 느긋하고 편안하고 그냥 좋았어.

다음 날, 산토리니로 가는 배를 타기 위해 이라클리온 항구에 왔을 때 이런 느긋함은 산산조각이 났어. 여권을 숙소에 두고 온 거야. 등줄기로 땀이 줄줄 흘렀어. 배에 오를 시간은 다가오는데 여권을 어디 두었는지 생각나지 않았어.

갑자기 밀려든 두려움에 다리가 비틀거렸지만 돌아서 뛰었어. 저 배를 탈 수 있을까? 나 때문에 여행 계획이 다 엉망이 되면 어쩌지? 혼자 크레타섬에서 지내다 아테네로 돌아갈까? 그럼 어디서 자지?

"여권은 두고 가. 젖을 수도 있잖아."

바다에 갈 때 일행이 한 말이 떠올랐어. 그리고 여권을 숨길 만한 장소를 찾아다니던 내 모습도 떠올랐지.

장롱을 뒤지고 이불이랑 베개 속을 살피고 침대 밑도 뒤졌어. 화장실 벽장을 열어 보고 주방 그릇장도 살폈어. 다 뒤져도 없었어. 크레타섬에 갇히면 어쩌지? 아니, 한국으로 영원히 돌아가지 못하는 거 아닐까? 걱정이 파도처럼 덮쳤어.

'너무 꼭꼭 숨기면 내가 어디 뒀는지 못 찾아. 난 그러고도 남아.'

그렇게 생각하면서 숨겨 둔 곳, 맞아! 침대 옆 서랍장 첫 번째 칸. 난 여권을 찾아 들고 다시 뛰었어.

뿌우웅! 그렇게 우리는 산토리니로 가는 배의 마지막 승객이 되었지.

나는 어제 일어난 일은 생각하지 않아요
내일 일어날 일을 자문하지도 않아요
내게 중요한 것은 오늘
이 순간에 일어나는 일입니다.

조르바의 말이 맞았어. 내게 중요한 것은 오늘 이 순간에 일어나는 일이야. 배를 탄 순간 내 안에 있던 모든 두려움이 사라졌어. 그리고 이 말을 꼭 하고 싶었어.

"지금, 나는 자유다!"

못 다한 이야기

니코스 카잔차키스, 그리고 나무 십자가

소설 『그리스인 조르바』는 크레타섬의 갈탄 광산을 배경으로 광산 개발업자인 '나'와 주인공 조르바의 만남으로 시작돼. 주인공 조르바는 어느 것에도 얽매이지 않는 자유로운 영혼으로 평생을 여행하며 떠돌아다니는 삶을 살아. 니코스 카잔차키스가 꿈꾸는 삶을 조르바를 통해 대신 보여 주고 있다고 볼 수 있지.

여행은 니코스 카잔차키스의 삶 자체였어. 그는 여행을 통해 자유로움을 느꼈고 그 자유로움을 문학이라는 이름으로 기록했지.

"내 인생에 가장 은혜를 베푼 것은 여행과 꿈들이었다."

니코스 카잔차키스는 일본을 거쳐 중국을 여행하던 중 백혈병과 독감으로 독일에서 죽음을 맞이하게 돼.

그의 무덤에는 왜 나무 십자가가 세워졌을까? 그것은 교회에서 파문을 당했다는 표시야. 그가 쓴 수많은 작품에는 교회의 모순, 수도사들의 위선과 욕망을 자세하게 그리고 있어. '그리스인 조르바'에 수도사가 불을 지르는 장면이 나오기도 하지.

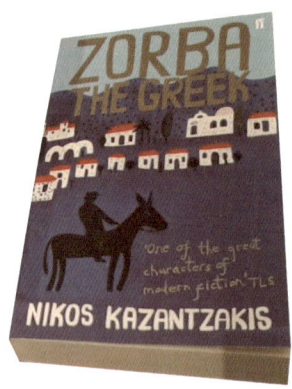

그리스 정교회는 카잔차키스의 책은 불온하고 사악하다는 이유로 사람들이 절대 읽어서는 안 될 책이라고 했어. 그러니 그의 무덤 또한 교회 묘지가 아닌

크레타섬 언덕 위에 만들었고 정식 십자가가 아닌 초라한 나무 십자가를 세워 둔 거야.

많은 사람들은 카잔차키스의 무덤을 보기 위해 크레타섬을 찾기도 해. 이유가 뭘까? 그 답은 『이방인』의 작가 알베르 카뮈의 말 속에 숨어 있는지도 몰라.

"니코스 카잔차키스야말로 나보다 백번은 더 노벨 문학상을 받았어야 했다. 그의 죽음으로 우리는 가장 위대한 예술가를 잃었다."

니코스 카잔차키스는 여러 차례 노벨 문학상 후보에 올랐지만 끝내 그 상을 받지 못하고 생을 마감했어. 니코스 카잔차키스가 크레타섬 출신이 아니라 러시아에서 러시아어로 소설을 썼다면 톨스토이와 어깨를 나란히 했을 거라고 말하는 사람도 있어.

그러나 시간이 말해 주지. 지금도 많은 사람들이 그리스의 작은 섬마을에 나무 십자가만 남아 있는 무덤 앞에서 고개를 숙이며 그를 떠올리는 것만 봐도 알 수 있지. '위대한 예술가'는 시대와 종교와 국적을 넘어 '위대한 작품'으로 영원히 살아 있다는 사실을 니코스 카잔차키스의 무덤 앞에 서면 저절로 알게 되지.

나에게 묻기

내 묘비명에 어떤 말을 남길까?

묘비명은 흔히 무덤에 세운 비석에 적는 글귀야. 꼭 비석으로 세우지 않더라도 한 사람의 생애를 가장 짧게 함축적으로 보여 주는 유언이기도 하지. 묘비명을 보면 그 사람이 어떤 삶을 살았는지 알 수 있어. 그리고 남은 사람들에게 어떻게 기억되는지도 알 수 있지. 어떤 시인은 시를 남기고 어떤 가수는 자기의 노래를 새겨 두기도 하지. 망우리 공원에 잠든 소파 방정환 선생님은 "아이의 마음은 신선과 같다."는 말로 평생 어린이의 동무로 남고 싶은 마음을 묘비명으로 남겼지.

내게 남기는 마지막 편지 같은 묘비명, 내가 세상을 떠났을 때 나를 아는 사람들이 나를 이렇게 기억해 줬으면 하는 바람을 묘비명으로 남겨 보는 거야. 묘비명을 쓰다가 눈물이 날지도 몰라. 그리고 이런 사람으로 살아야지 하는 다짐도 하게 되고 지난날을 반성하는 시간이 되기도 할 거야.